AF559317

GEBÄRDEN SPRACHE LERNEN

Das große Zeichensprache und Fingeralphabet Lexikon inkl. Körpersprache, Gestik und Mimik. Meistern Sie die Kommunikation der deutschen Gebärdensprache (DGS) in kürzester Zeit

INHALT

Einleitung

Gebärdensprache ermöglicht das, was die Akustik nicht kann. Durch sie wird eine visuelle Form der Sprache geschaffen, die es gehörlosen oder hörgeschädigten Menschen möglich macht, miteinander zu kommunizieren und am gesellschaftlichen Leben aktiv teilzuhaben.

Doch nicht nur Gehörlose verwenden die lautlose Sprache – immer mehr Hörende interessieren sich zunehmend dafür, diese außergewöhnliche Sprache zu erlernen. Die vereinfachte Form der Gebärdensprache zählt mittlerweile sogar zu einer der ersten Verständigungssprachen von Babys und Kleinkindern, da besonders Neueltern diese gestikulierende Sprache verwenden, um einfache Bedürfnisse ihrer Kinder erfahren zu können.

Gebärdensprache ist aber sehr viel mehr als bloß wirre Bewegungen mit den Händen und Fingern. Auch die Mimik, die Bewegungen des Mundes und die gesamte Körperhaltung spielen eine große Rolle und sind unabdingbare Bestandteile der korrekten und vor allem nonverbalen Verständigung.

Doch wie funktioniert sie? Wie ist sie entstanden? Ist die Gebärdensprache für alle gleich? Können auch Sie sie lernen?

Antworten auf diese Fragen – und noch einiges mehr – erhalten Sie auf den nachfolgenden Seiten. Ihnen wird eine umfangreiche, detaillierte und dabei einfach verständliche Einweisung in die Sprache der Gehörlosen sowie in deren Kultur geboten, damit sprachliche Differenzen zukünftig der Vergangenheit angehören. Die Grammatik unterscheidet sich von der Lautsprache unverkennbar und auch die Regeln sind andere, doch eines ist sicher: Auch ohne tiefergehende Kenntnisse der Gebärdensprache werden Sie feststellen, dass sie der Ihnen gewohnten

Lautsprache in einigen Bereichen sehr ähnelt. Dieses Buch soll Ihnen dabei helfen, die sprachlichen Barrieren zu durchbrechen, und Ihnen den Anreiz geben, diese einzigartige und interessante Sprache nicht nur zu lernen, sondern auch aktiv anzuwenden. Doch nicht nur das – es soll Ihnen vor allem ermöglichen, die Sprache zu leben!

Kommunikation und der Dialog mit Menschen sind etwas Wichtiges und Kostbares. Geben Sie sich und jedem anderen Menschen auf dieser Welt eine Stimme – ob akustisch oder visuell.

Gebärdensprache – was ist das?

Oftmals wird fälschlicherweise der Begriff der Zeichensprache verwendet, obwohl damit eigentlich die Gebärdensprache gemeint sein soll. Zeichensprache ist in diesem Zusammenhang aber tatsächlich etwas vollkommen anderes.

Dabei handelt es sich nämlich um erschaffene Verständigungsformen, wie sie zum Beispiel beim Tauchsport Anwendung finden und die dabei die Lautsprache durch bestimmte Handzeichen ergänzen oder begleiten. Die dadurch verwendeten Zeichen stimmen überwiegend nicht mit der komplexen Gebärdensprache überein und stellen lediglich eine einfache Art der nonverbalen Kommunikation dar. Gebärdensprache ist im direkten Vergleich also sehr viel mehr als bloß eine reine Zeichensprache.

Die Gebärdensprache leitet sich von dem Verb „gebärden" ab, was so viel bedeutet wie eine außergewöhnliche Geste oder Verhaltensweise. Tatsächlich handelt es sich dabei aber um eine komplexe Sprache, die unter Einsatz des gesamten Körpers zum Ausdruck gebracht wird.

Es handelt sich um eine visuell wahrnehmbare, natürlich entstandene Sprache, die sich aus einer Vielzahl von kombinierbaren Handzeichen in Verbindung mit der Mimik, dem Mundbild und der Körperhaltung zusammensetzt. Diese Art der Sprache wird insbesondere von gehörlosen oder stark hörgeschädigten Menschen verwendet, um miteinander kommunizieren zu können. Genau genommen besteht sie also aus bildhaften Gesten und gehört mit zu der Kategorie der unterstützten Kommunikation.

Die Sprache der Gehörlosen ist sehr komplex. Mit ihr können

zusammenhängende Sätze und ganze Konversationen geführt werden, ohne auch nur ein einziges Wort laut auszusprechen. Sie verfügt über ein sehr umfassendes Vokabular und über eine Grammatik, die sich grundlegend von der gesprochenen Sprache unterscheidet. Im Grunde besitzt beinahe jedes Wort eine eigene Geste beziehungsweise Gebärde.

Bei unbekannten Begriffen, Eigennamen oder bestimmten Fremdwörtern, für die es keine ableitbare Gebärde gibt, wird das sogenannte Fingeralphabet zur Hilfe genommen. Es handelt sich dabei um ein Element der Gebärdensprache, welches anhand unterschiedlicher Fingerformen die Buchstaben des Alphabetes darstellt.

Die Gebärdensprache ist demnach eine bildhafte Sprache, die der gewohnten Lautsprache in grammatischer sowie linguistischer Komplexität in nichts nachsteht.

In der Kurzform wird die Deutsche Gebärdensprache als DGS bezeichnet.

WEITERE SPRACHVARIETÄTEN

Die Lautsprache

Lautsprachen sind akustisch auditive Sprachen, die mit der Stimme produziert und über die Ohren wahrgenommen werden. Es handelt sich dabei also um all jene Kommunikationsformen, die akustisch durch die Sprechorgane Kehlkopf, Zunge und Mund gebildet werden und sich darüber artikulieren.

Sie bilden somit die Gesamtheit der akustischen Laute der menschlichen Sprache. Anders als bei der Gebärdensprache, bei der mehrere Informationen gleichzeitig mit lediglich einem einzigen Gebärdenzeichen ausgedrückt werden können, müssen die Wörter hier einzeln und nacheinander zu Sätzen geformt und ausgesprochen werden. Einfach ausgedrückt handelt es sich bei der Lautsprache also um die gesprochene und hörbare Sprache.

Die Schriftsprache

Bei der Schriftsprache – oder auch geschriebenen Sprache – handelt es sich um eine schriftliche Sprachäußerung und somit um das geschriebene Wort, welches einem bestimmten Zeichensystem folgt.

Wie wird Gebärdensprache wahrgenommen?

Gebärden werden nicht alle einzeln von der Hand des Gesprächspartners abgelesen, das wäre viel zu monoton und würde ein zu großes Potential für Interpretationen liefern.

Die Augen fokussieren sich demzufolge nicht bloß auf die Hände des Gegenübers, sondern hüpfen zwischen Mund, Oberkörper und der gesamten Umgebung immer ein wenig hin und her. Der Gesprächspartner soll nämlich als eine Art Gesamtheit wahrgenommen werden. Nur so kann sichergestellt werden, dass keine Einzelheit verloren geht oder es zu Missverständnissen kommt. Der Grund dafür liegt quasi auf der Hand – bloße Gebärden ohne Mimik und Gestik können nicht oder nur sehr schwer gedeutet werden. Wie auch bei der Lautsprache sind Mimik und Gestik beim Erzählen von großer Bedeutung, um Zusammenhänge oder auch die jeweilige Stimmungslage eindeutig einschätzen zu können.

Bei der Gebärdensprache kommt noch hinzu, dass durch das Einbeziehen einer bestimmten Körperhaltung oder Mimik ein vollkommen anderes Wort entstehen kann. Die Gebärdensprache wird demnach ausschließlich visuell wahrgenommen und durch die Hände, die Arme, den Oberkörper, den Kopf, den Mund sowie durch den Gesichtsausdruck im Gebärdenraum produziert. Um sicherzustellen, dass alle erforderlichen Elemente wahrgenommen werden können, ist der geeignete und optimale Abstand zum Gesprächspartner sowie eine ausreichende Beleuchtung erforderlich und unumgänglich. Die Gesprächspartner sollen eine ungehinderte Sicht aufeinander haben können. Aus diesem Grund finden Gespräche in Gruppen mit mehreren Personen häufig ausschließlich im Halbkreis statt. Auf diese Weise wird jedem ermöglicht, einen jeden Gesprächsteilnehmer sehen und wahrnehmen zu können.

Irrglaube - Ist taub gleich stumm?

Gehörlose oder Personen, die hörgeschädigt sind, werden auch heute leider noch oftmals als taubstumm bezeichnet. Dies ergibt, wenn man es logisch betrachtet, überhaupt keinen Sinn, denn taubstumm ist jemand, der weder hören noch sprechen kann und folglich nicht dazu in der Lage ist, sich sprachlich mitzuteilen.

Der Begriff 'taubstumm' ist aus der Unwissenheit der Menschheit entstanden. Denn Jahrhunderte lang ist man davon ausgegangen, dass jemand, der taub ist, auch nicht sprechen kann, da er das gesprochene Wort schließlich nicht hört und es infolgedessen nicht verarbeiten und umsetzen kann.

Die Gebärdensprache gleicht diese Hürde aber wieder aus und bildet somit die Grundlage für die sprachliche Mitteilung von Gehörlosen. Die Hände stellen dabei das wichtigste Werkzeug dar, um mit anderen zu kommunizieren.

Und auch jemand, der keine akustische Kommunikation realisieren kann, hat dennoch eine Stimme.

Personenkreis

Taubheit behindert im besonderen Maß das Erlernen der Lautsprache. Oftmals stellen daher die Gebärden die einzige Möglichkeit zur Kommunikation dar. Aus diesem Grund sind es nicht ausschließlich die gehörlosen Personenkreise, die die Gebärdensprache erlernen und anwenden, sondern auch die Hörenden. Schließlich soll eine Kommunikation nicht nur zwischen Gehörlosen unter sich möglich sein.

Angehörige, besonders Eltern von gehörlosen Kindern, eignen sich diese Sprachvariation an, um ihrem Kind von Beginn an eine adäquate Kommunikationsmöglichkeit zu gewährleisten.

Der Personenkreis der Gebärdensprachnutzer erstreckt sich daher über sämtliche Gruppen und ist nicht mehr nur Kommunikationsmittel für gehörlose, hörgeschädigte, spätertaubte oder anderweitig hörbehinderte Personen.

GEHÖRLOSE KINDER HÖRENDER ELTERN UND UMGEKEHRT

Haben Sie sich schon einmal gefragt, wie gehörlose Kinder von hörenden Eltern die Gebärdensprache erlernen? Haben Sie zusätzlich dazu schon einmal darüber nachgedacht, wie es wohl umgekehrt ist – hörende Kinder von gehörlosen Eltern?

Hörende Kinder erlernen das Sprechen anhand von vorhersehbaren, fixen Stadien, die völlig ungeachtet der Umgebung oder den kognitiven Fähigkeiten des Kindes auftreten.

Es beginnt mit der Brabbel-Phase und geht über in die Bildung von ersten Vokalen oder sogar Worten. Sie imitieren damit das, was ihnen vorgelebt wird. Die sprachliche Entwicklung gehörloser Kinder verläuft ähnlich und durchläuft im Grunde die gleichen Stadien. Auch sie haben die berühmte Brabbel-Phase, können aufgrund des fehlenden Gehörsinns jedoch keine lautsprachlichen Worte bilden. In diesem Fall ist eine Frühförderung mithilfe der Gebärdensprache inklusive einer guten ärztlichen und pädagogischen Betreuung sehr wichtig.

Mit zwei Jahren können gehörlose Kinder in der Regel bereits bis zu 50 Gebärden und sind in der Lage, einfache zwei-Gebärden-Sätze auszuführen. Vergleicht man dies mit nicht hörgeschädigten Kindern, wird deutlich, dass der kindliche Entwicklungsstand identisch ist und sich die Kommunikation lediglich in der Art der Sprache unterscheidet. Ab diesem Zeitpunkt wird übrigens auch ein Gefühl für die Grammatik entwickelt und der Gebärden-/Wortschatz steigt rapide an.

FRÜHKINDLICHER SPRACHERWERB

Sprache ist das wichtigste Medium zur Verständigung und für die gesamte Entwicklung von sehr hoher Bedeutung. Sie ist der Schlüssel zur Welt.

Bei gehörlosen Kindern von gehörlosen Eltern ist die Kommunikation unproblematisch. Es entstehen keine sprachlichen Barrieren, da in diesen Familien die Verwendung der Gebärdensprache selbstverständlich ist und es sich in der Regel um die Muttersprache handelt.

Die Kinder wachsen von Beginn an mit den Besonderheiten der Gebärdensprache auf und erlernen somit eine vollständige Erstsprache – dies ist mit der Entwicklung hörender Kinder von hörenden Eltern vergleichbar.

Wie aber verhält es sich mit gehörlosen Kindern hörender Eltern? Wie gelingt in diesem Zusammenspiel die reibungslose Kommunikation zwischen Eltern und Kind? Die Antwort darauf ist verhältnismäßig einfach – mithilfe der Gebärdensprache. Doch so einfach, wie diese Antwort klingt, ist sie in der Realität oftmals nicht. Eltern und weitere Angehörige stehen solch einer Situation oft erstmals gegenüber und haben in der Vergangenheit nur wenig bis gar keine Berührungspunkte mit der deutschen Gebärdensprache gehabt. In diesem Fall ist es von hoher Bedeutung, sich externe Hilfe durch Ärzte oder Pädagogen einzuholen, die sich mit dieser Thematik auskennen. Sprachkurse werden besucht, um dem Kind so gut es geht einen natürlichen Spracherwerb zu ermöglichen.

Dem Kind sollte ein Umfeld geboten werden, in dem es von der Gebärdensprache umgeben wird. Je mehr gebärdensprachliche Interaktionen um das Kind herum geschehen, desto besser. Kinder lernen durch das Imitieren und Nachmachen der Dinge, die ihnen vorgelebt werden. Zuerst beginnt ein Kind, zu verstehen, und es geht dann über in die Phase der eigenen Umsetzung – das selbstständige Gebärden. Der Kontakt zu anderen hörbehinderten oder gehörlosen Kindern/Menschen sollte daher in jedem Fall gefördert und unterstützt werden.

Gehörlose Kinder hörender Eltern stehen oft vor dem Problem, die Gebärdensprache nicht als natürliche Sprache erwerben zu können, sondern sie müssen diese auf unterschiedlichen Wegen und mit der Hilfe Dritter erlernen. Geschieht dies jedoch vom Kindheitsalter an, ist im späteren Verlauf der Entwicklung oftmals kaum ein Unterschied zu erkennen. Wichtig hierbei ist es jedoch, das Kind bestmöglich zu unterstützen und den Aufbau eines vollumfänglichen Wortschatzes zu ermöglichen.

Hörende Kinder gehörloser Eltern hingegen stehen vor dem Hindernis, die Lautsprache vollständig zu erlernen. Als Erstsprache wird bei diesen Kindern überwiegend die Gebärdensprache erworben werden, da es sich um die Sprache handelt, von der es von Geburt an umgeben ist. In diesem Zusammenhang passt das Wort „Muttersprache“ wunderbar. Im Gegensatz zu seinen Eltern besitzt das Kind jedoch zusätzlich die

Fähigkeit, die Geräusche, Laute und Worte in seiner Umgebung wahrzunehmen, und erlernt durch Angehörige, Nachbarn oder Freunde ebenfalls auf natürlich Weise die Lautsprache. Selbstverständlich können Kinder gehörloser Eltern, die die Gebärdensprache als Muttersprache verwenden, auch ganz normal das Sprechen erlernen. In welcher Sprache ein Kind tatsächlich produktiv wird, hängt immer mit dem ihm zur Verfügung stehenden Input zusammen.

Ein Besuch des Kindergartens ist daher besonders für Kinder gehörloser Eltern wichtig, da sie sich dort in einem Umfeld befinden, welches ihnen ermöglicht, die verbal gesprochene Sprache zu hören, zu verstehen und umzusetzen.

Spracherwerb vs. Sprache lernen

In der Linguistik (Sprachwissenschaft) wird ein klarer Unterschied zwischen dem Erwerb und dem Erlernen von Sprachen gemacht.

Erworben wird eine Sprache, indem sie ungefiltert wahrgenommen und verwendet wird. Kinder eignen sich einen Wortschatz sowie die sprachlichen Regeln selbst an. Dies geschieht einzig durch den Input, der ihnen gegeben und vorgelebt wird. Dieser Vorgang wird als natürlicher, ungesteuerter Spracherwerb bezeichnet.

Im Gegensatz dazu wird eine Sprache erlernt, wenn sich bewusst mit ihr auseinandergesetzt wird. Vokabeln und Grammatikregeln müssen beispielsweise gelernt und richtig angewendet werden. Es handelt sich demzufolge um ein gesteuertes Lernen der Sprache. Dies geschieht überwiegend in Schulen oder beim Besuch von Sprachkursen.

Muttersprache vs. Zweitsprache

In der Linguistik (Sprachwissenschaft) wird außerdem zwischen Erst- und Zweitsprache unterschieden. Die Begrifflichkeit Erstsprache ist mit der sogenannten Muttersprache gleichzusetzen – es handelt sich dabei also grundsätzlich um die erste Sprache, die ein Mensch erlernt.

Muttersprache kann jedoch auch die Sprache sein,

- die als Erstes gelernt wird,
- die am besten beherrscht wird,
- mit der sich am ehesten identifiziert wird oder
- die überwiegend verwendet wird.

Das Erlernen beziehungsweise der Erwerb einer Erstsprache ist Grundvoraussetzung für das Erlernen weiterer Sprachen, die sich in der Folge zu Zweit- oder Fremdsprachen entwickeln.

Immer dann, wenn die Erstsprache (Muttersprache) nicht vollständig erworben wurde, kann es zu Störungen und Verzögerungen der späteren Sprachkompetenz kommen. Auch das Erlernen von weiteren Sprachen ist dadurch gehemmt.

WIE LERNT EIN HÖRGESCHÄDIGTES KIND SPRECHEN?

Hörgeschädigte oder gehörlose Kinder müssen sich das Sprechen aktiv und bewusst durch intensives Lernen aneignen. Dabei ist zu beachten, dass diese Kinder ihre eigene Stimme gar nicht hören können – sie wissen nicht, wie sie klingt. Es handelt sich in diesem Zusammenhang also ausschließlich um das technische Erlernen der Sprache, welche keinesfalls durch die Erst- beziehungsweise Muttersprache ersetzt werden kann. Die Verwendung einer natürlichen und vollwertigen Gebärdensprache ist für Kinder mit einer Hörschädigung in jedem Fall förderlich.

WO KANN GEBÄRDENSPRACHE GELERNT WERDEN UND WER TRÄGT DIE KOSTEN?

Eltern, die Gebärdensprache erlernen möchten, um ihrem Kind ein Vorbild zu sein und ihm den Zugang zur Sprache zu ermöglichen, können Gebärdensprachkurse besuchen. Diese werden häufig von den Gehörlosen-Landesverbänden, den Volkshochschulen oder sogar von privaten Gebärdensprachschulen angeboten.

Zusätzlich dazu besteht die Möglichkeit, einen Familiensprachkurs zu belegen und die Kostenübernahme zu beantragen.

Eine Kostenübernahme von Gebärdensprachkursen für Angehörige wird leider nicht überall gleichermaßen gehandhabt. Dennoch sollte dies über den § 26 sowie § 55 SGB XI möglich sein und in jedem Fall über den Anspruch des Kindes bei der zuständigen Krankenkasse geltend gemacht werden – denn das gehörlose Kind ist in diesem Fall die leistungsberechtigte und leistungsauslösende Person.

Für die sprachliche Entwicklung des Kindes ist es von zentraler Bedeutung, dass auch die Eltern und engsten Angehörigen die Gebärdensprache beherrschen. Dies ist zusätzlich auch für die emotionale und kommunikative Eltern-Kind-Bindung entscheidend. Bei einer Kostenbeantragung empfiehlt es sich, bereits einen Kostenvoranschlag eines Gebärdensprachkurses als Berechnungsgrundlage mit einzureichen. Ob es schlussendlich zu einer vollen Kostenübernahme kommt, ist im Vorfeld nicht absehbar.

Zudem besteht die Möglichkeit, einen Familien-Gebärdensprachkurs über das sogenannte persönliche Budget des Landkreises oder des Sozialhilfeträgers zu beantragen und zu finanzieren. Ein Rechtsanspruch für die Übernahme der Kosten der betroffenen Eltern existiert jedoch nicht und wird im Einzelfall individuell geprüft.

Die Kosten für einen Gebärdensprachkurs aufgrund einer Spätertaubung oder anderer medizinisch begründender Tatbestände werden im Bedarfsfall von den gesetzlichen Krankenversicherungen übernommen – dies unter Umständen sogar noch vor dem vollständigen Verlust der Hörfähigkeit.

Unterstützende Kommunikation und ihre Unterschiede

WELCHE FORMEN DER GEBÄRDENSPRACHE GIBT ES?

Neben der allgemein gültigen und anerkannten Form der Gebärdensprache gibt es noch einige Abwandelungen und Elemente, die je nach Personenkreis und Grad der Schwerhörigkeit beziehungsweise Taubheit Anwendung finden. Hierzu zählen das Fingeralphabet, die lautsprachbegleitenden Gebärden, die lautsprachunterstützende Gebärden und die gebärdenunterstützende Kommunikation.

All dies bündelt sich unter dem Deckmantel der unterstützenden Kommunikation. Sie ist eine Kommunikationsform, die vorhandene Defizite ergänzen oder das gänzliche Fehlen der Lautsprache ersetzen soll.

WAS IST DAS FINGERALPHABET?

Das Alphabet gehört, wie auch bei der Lautsprache, mit zum Repertoire der Gebärdensprache und bildet ein äußerst wichtiges Element. Das Fingeralphabet wird gebraucht, wenn es für ein bestimmtes Wort keine adäquate Gebärde gibt, es sich um ein Fremdwort, einen Orts- oder Eigennamen handelt oder wenn zum Beispiel etwas buchstabiert werden soll.

Es ist für die Gehörlosen essenziell wichtig und stellt dadurch eines der ersten Kommunikationswege dar, die im Zuge der Gebärdensprache vermittelt werden. Genau wie das Buchstabenalphabet unterscheiden sich auch die Fingeralphabete voneinander. Die Buchstaben der

Schriftsprache werden in unterschiedliche Handformen übersetzt und vor dem Körper des Gebärdenden wiedergegeben. Das aus dem deutschen Fingeralphabet entstehende Zeichensystem findet in all jenen Ländern Anwendung, die die lateinische Schriftsprache verwenden. Russland oder Japan nutzen beispielsweise andere Buchstaben oder Symbole als das deutsche Alphabet.

Nichts anderes gilt beim Fingeralphabet. Länder, die mit einer anderen Schrift arbeiten, verwenden daher auch in der Gebärdensprache andere Symbole. Das liegt daran, dass sich das Fingeralphabet stark an dem Schriftbild, also an den geschriebenen Buchstaben, orientiert und dies zum Teil sogar imitiert. Es ist daher unter Umständen auch in der Gebärdensprache erforderlich, Fremdsprachen zu erlernen.

Das deutsche Fingeralphabet wird fast ausschließlich mit einer Hand, der dominierenden (starken) Hand, ausgeübt. Jedes Handzeichen steht dabei für einen Buchstaben des Alphabets und wird auf Höhe der Brust ausgeführt. Lediglich die Buchstaben „Z“ und „J“ bedürfen einer weiteren Geste. Jeder Buchstabe des Alphabets besteht aus einem eigenen Hand- beziehungsweise Fingerzeichen, welches seinerzeit aus der amerikanischen Gebärdensprache abgeleitet wurde. Auch Umlaute „Ä, Ö, Ü“ sowie die Buchstabenkombination „sch“ werden im Fingeralphabet berücksichtigt. Doppelkonsonanten oder -vokale werden durch eine schnelle, nach außen gerichtete Handbewegung wiedergegeben.

Das deutsche Fingeralphabet wurde in seiner jetzigen Form, inklusive Umlaute, in den 1970er Jahren eingeführt und seither nicht mehr verändert. Da das Fingeralphabet aufgrund der unterschiedlichen Schriftbilder nicht international gültig ist, erfolgt zusätzlich eine Unterteilung in verschiedene Grundtypen:

- Einhändige Fingeralphabete: Diese gelten weit verbreitet als internationale Fingeralphabete. Das amerikanische sowie das deutsche

Fingeralphabet basieren auf der Einhändigkeit.

- Zweihändige Fingeralphabete: Hier werden die Buchstaben der Schriftform mithilfe von zwei Handformen beziehungsweise Bewegungen ausgeführt. Diese Form des Fingeralphabetes findet in Großbritannien, Indien, Australien, Neuseeland sowie in Fidschi statt.

- Ideogramm Fingeralphabete: Hier werden die Ideogramme - die Schriftzeichen - der Lautsprache dargestellt, wie es zum Beispiel beim chinesischen Fingeralphabet üblich ist. Ein Schriftzeichen ist vergleichbar mit der bildhaften Widergabe eines Wortes, wie zum Beispiel bei Hieroglyphen.

- Silben Fingeralphabete: Lautsprachen, die sich an Silbenschriften orientieren, wie zum Beispiel jene von Japan und Thailand, bilden vollständige Silben nach.

WAS SIND LAUTSPRACHBEGLEITENDE GEBÄRDEN?

Lautsprachbegleitende Gebärden unterscheiden sich von der Gebärdensprache dahingehend, dass sie simultan zu jedem gesprochenen Wort wiedergegeben werden. In der Fachliteratur wird hierbei von der abgekürzten Bezeichnung „LBG“ gesprochen. Jedes einzelne Wort wird somit 1:1 von der dazugehörigen Gebärde begleitet und weicht daher mit seiner Grammatik von der herkömmlichen Gebärdensprache ab. Die deutsche Grammatik der Lautsprache bleibt dadurch unberührt und bestehen. Aus diesem Grund zählt die LBG weder zur Gebärdensprache noch zur Lautsprache, sondern sie bildet eine Kombination aus beidem.

Als Beispiel würde der Satz, „Das Boot fuhr über den Fluss“, in der Gebärdensprache mit drei Zeichen beschrieben werden (Boot, Fluss, fahren). In der lautsprachbegleitenden Gebärde hingegen handelt es sich um insgesamt 9 Handzeichen (Das, Boot, fahren, Vergangenheit, über, ein, e, n, Fluss). Einsatz findet die lautsprachbegleitende Gebärdenform besonders in Schulen für hörgeschädigte Kinder, um die deutsche Grammatik zu verdeutlichen und zu lehren. Dass taube Menschen die LBG erlernen, ist weitestgehend unwahrscheinlich. Sie wird überwiegend von spätertaubten oder schwerhörigen Personenkreisen verwendet.

WAS SIND LAUTSPRACHUNTERSTÜTZENDE GEBÄRDEN?

Im Gegensatz zur LBG werden bei der lautsprachunterstützenden Gebärde (kurz LUG) lediglich bestimmte Schlüsselwörter, die zum Verständnis des Kontextes erforderlich sind, simultan mit der Lautsprache gebärdet.

Da die LBG oftmals sehr umständlich und lang ausfällt, wird gern auf die LUG ausgewichen.

Auch hierbei liegt die Zielgruppe bei hörgeschädigten oder kurz vor der Ertaubung stehenden Personen. Besonderes Augenmerk liegt jedoch auch auf der pädagogischen Früherziehung von Kindern mit geistiger Behinderung oder auf Menschen mit Migrationshintergrund.

WAS IST EINE GEBÄRDENUNTERSTÜTZENDE KOMMUNIKATION?

Hierbei werden die Lautsprache und somit das eigentliche Sprechen nicht durch Gebärden ersetzt, sondern lediglich unterstützt.

Die gebärdenunterstützende Kommunikation (kurz GUK) ist mit der lautsprachunterstützenden Gebärde vergleichbar, mit der Besonderheit, dass hier das Verstehen unterstützt und das Sprechen gelernt und gefördert werden soll. Aus diesem Grund werden neben dem gesprochenen Wort nur einzelne Schlüsselwörter gebärdet und keine zusammenhängenden Sätze oder gar grammatische Strukturen.

Dieses Element der Gebärdensprache soll besonders Kindern mit einer verzögerten Sprachentwicklung dabei helfen, den Spracherwerb zu fördern. Sie findet aber auch immer mehr Anklang und Einsatz in nicht integrativen Einrichtungen.

Viele Eltern verwenden die GUK bereits bei Kleinkindern, um auf diese Weise einen nonverbalen Kommunikationskanal aufbauen zu können, solange die Lautsprache noch nicht erlernt ist.

WAS IST EINE TAKTILE GEBÄRDENSPRACHE?

Unter den gehörlosen Personen befinden sich oftmals auch blinde oder in ihrer Sehkraft stark eingeschränkte Personen. Wie genau können sich diese Menschen mitteilen und mit anderen kommunizieren, wenn sie das gesprochene Wort weder hören noch die Gebärdensprache sehen können?

Das Schlüsselwort lautet taktile Gebärdensprache. Hierbei liegt der Fokus auf den taktilen Sinnen, dem Fühl- und Tastsinn. Die Struktur der Gebärdensprache ist dabei vollkommen identisch, jedoch legt der Taubblinde seine eigenen Hände auf die des Gesprächspartners. Die Form der Hände sowie die Bewegungen der Gebärden werden hierbei gefühlt wahrgenommen– es wird demnach unmittelbar von den Händen abgelesen.

Mimik und Gestik, die sonst so notwendig sind, werden durch kleine Änderungen der Grammatik ausgeglichen, sodass dem Gesprächsverlauf dennoch inhaltlich korrekt gefolgt werden kann. Bei Fragewörtern oder Sätzen, bei denen im Kontext lediglich die Augenbraue als mimische Geste gehoben werden würde, wird mit den Händen sinnbildlich ein Fragezeichen geformt, sodass die ablesende Person dies erkennen kann.

Für die Nutzung der taktilen Gebärdensprache ist eine sehr hohe Sprachkompetenz beziehungsweise Gebärdensprachkompetenz erforderlich, da die Ausführung der jeweiligen Gebärden ausdrucksstark und eindeutig erfolgen muss. Im Gegensatz zur deutschen Gebärdensprache ist die taktile Gebärdensprache bisher nur sehr wenig erforscht. Dennoch existieren mehrere Varianten der Kommunikation Taubblinder.

Monologposition

Der Gebärdende nutzt zur Ausführung seiner Gebärden beide Hände, die ebenfalls mit beiden Händen des Gegenübers erfühlt werden. Beim Wechsel des Gesprächsführenden findet zudem auch ein Wechsel der eingenommenen Position statt. Die Monologposition ist die am weitesten verbreitete Variante der taktilen Gebärdensprache und findet unter den taubblinden Personenkreisen am häufigsten Anwendung.

Dialogposition

Beide Gesprächspartner haben gleichzeitig eine Gesprächs- und eine Zuhörerhand. Dabei nimmt in der Regel die linke Hand die Empfänger- beziehungsweise Zuhörerposition ein und liegt daher oben. Die rechte Hand hingegen nimmt zur gleichen Zeit die Gesprächsposition ein, indem sie unten liegt und die Gebärden ausführt.

Innerhalb des Gesprächsverlaufes werden demzufolge die Positionen der Hände nicht verändert. Diese Variante ist unter den Taubblinden nicht ganz so weit verbreitet, da sie mit einigen Schwierigkeiten einhergeht und einem hohen Maß an Konzentration sowie Sprachkompetenz bedarf.

Geführtes Gebärden

Der Gebärdensprachler ergreift die Hände der taubblinden Person und formt die Gebärden mit dessen Händen und an dessen Körper. Diese Variante der taktilen Gebärdensprache ist besonders für die betroffene

Person sehr problematisch, da das Verständnis oftmals fehlt und auf diese Weise auch kein tatsächlicher Dialog zustandekommen kann, weil die aktive Beteiligung des Taubblinden selbst kaum gegeben ist.

Body Signs

Hier werden die Gebärden am Körper der taubblinden Person gebildet. Die manuellen Komponenten bleiben bei der Ausführung identisch – lediglich der Ausführungsort verändert sich und wechselt vom eigenen Körper auf den des Taubblinden.

Zum Beispiel würde das Wort „Mama“ nicht an der Wange des Gebärdenden ausgeführt werden, sondern an der Wange der taubblinden Person.

Hörhilfen – Technische Hilfsmittel

Auch die Versorgung mit Hörhilfen wird einer hörgeschädigten Person niemals die Hörkraft geben können, die ein gesunder, normalhörender Mensch besitzt. Sie kann ihm aber die Möglichkeit verschaffen, bestimmte Tonarten oder -lagen besser wahrnehmen oder am gesellschaftlichen Leben teilnehmen zu können.

Doch auch das Hören mit Hörhilfen muss gelernt sein. Das Einsetzen von Hörgeräten oder anderen technischen Hörhilfen besagt keinesfalls, dass sofort ein bestimmtes Hörvermögen erreicht wird. Auch an die neue Situation muss sich das Ohr und der damit gemeinte Hörnerv erst einmal gewöhnen. Das Gehirn muss plötzlich viele neue Reize aufnehmen und verarbeiten.

Bei Personen, die bisher keinerlei Sprachverständnis aufbauen konnten, ist die Differenzierung der neu wahrzunehmenden Geräusche besonders schwierig. Hören bedeutet in diesem Fall nicht automatisch auch verstehen.

Hörgeräte

Dies sind kleine elektronische Geräte, die aus einem Mikrofon, einem Lautsprecher sowie einem Verstärker bestehen und in die Ohrmuschel- oder hinter das Ohr gesetzt werden. Es ermöglicht Menschen mit einer Hörschädigung, ihr eigenes Resthörvermögen auszugleichen beziehungsweise weitgehend nutzen zu können.

Je nach Grad der Schwerhörigkeit ist es allerdings nicht möglich, das Hörvermögen so weit wiederherzustellen, dass ein vollumfängliches Hörverhalten erreicht werden kann. In den meisten Fällen können durch das Tragen von Hörgeräten aber sehr laute Geräusche, wie Sirenen oder

Autohupen, von den Betroffenen wahrgenommen werden. Mit dem Tragen von Hörgeräten kann demzufolge kein normales Hören, wie es nicht Hörgeschädigte Menschen kennen, erreicht werden.

Cochlear Implantat

In der heutigen Zeit gehört das Cochlear Implantat (kurz: CI) mittlerweile zur Regelversorgung für Menschen mit weitreichenden Hörschädigungen. Reicht eine klassische Versorgung mit Hörgeräten nicht oder nicht mehr aus, kann der Einsatz eines CI die Hörschädigung mindern.

Dies ist jedoch nur dann möglich, wenn der eigentliche Hörnerv als Teilorgan der auditiven Wahrnehmung noch intakt ist. Auf diese Weise ist es tatsächlich möglich, gehörlosen oder ertaubten Menschen zum Hören zu verhelfen.

Das Cochlear System besteht aus einem Sender, einem Mikrofon, einem Signalprozessor sowie dem Implantat selbst. Das Implantat besteht zusätzlich dazu aus einem Empfänger und einem Stimulator inklusive Elektroden. Die Elektroden werden während einer Operation in die Hörschnecke eingesetzt und der Empfänger wird am Schädelknochen, schräg oberhalb des Ohres, unter der Haut platziert.

Sender und Empfänger sind mit Magneten ausgestattet, weshalb der Empfänger von außen an der Kopfhaut haftet. Beide Komponenten sind demnach ausschließlich durch die Magneten miteinander verbunden. Wird der Sender nicht angebracht, können keine Signale erfolgen – der Betroffene ist weiter taub. Sobald der Sender jedoch am Kopf angebracht ist, kann durch die elektromagnetischen Spannungen eine Signalübertragung erfolgen.

Besonders bei Kleinkindern oder Spätertaubten können mit dem Einsatz eines CI gute Erfolge erzielt werden, da sie die Sprache entweder erst neu kennenlernen oder bereits kennen und das Bekannte umsetzen können. Bei Personen, die beispielsweise ihr Leben lang bereits eine gravierende Hörschädigung haben oder sogar taub sind, eignet sich ein CI nur dahingehend, dass die Geräusche als solche wahrgenommen, jedoch nicht erkannt werden. In diesem Fall können kein umfassendes Hörvermögen und Sprachverständnis erzielt werden.

Phonologie und Morphologie

WAS IST DAS?

Die Phonologie ist ein Teilbereich der Linguistik. Sie befasst sich mit den sprachbildenden Lauten und stellt somit einen klaren Zusammenhang zur Grammatik dar. Es handelt sich dabei also um das Lautsystem der Sprache.

Von außen betrachtet ist der Begriff Phonologie für die Gebärdensprache eigentlich sehr abwegig, da sie schließlich aus keinerlei akustischen Lauten besteht. Schaut man jedoch näher hin und betrachtet die Funktion der Phonologie etwas abstrakter, fällt auf, dass sie sich genau genommen mit den kleinsten, in ihrer Bedeutung unterscheidenden Spracheinheiten befasst, welche unmittelbar in den Vordergrund rücken – ob es sich dabei um gesprochene Worte oder gebärdete Elemente handelt, ist völlig unerheblich.

Bei der Beschreibung von Sprache ist das Instrument, mit dem sie gebildet wird, ausschlaggebend. Im Falle der Gebärdensprache gehören zur sprachlichen Artikulation die Teilbereiche der manuellen, der nicht manuellen und der oralen Komponenten.

Phoneme sind vereinfacht erklärt alle sprachbildenden Elemente / Laute, die die gleiche bedeutungsunterscheidende Funktion besitzen. Als Beispiel lässt sich in der Lautsprache das Wort Rot heranziehen. Der Anfangsbuchstabe „R“ kann gerollt oder weniger gerollt ausgesprochen werden – in der Bedeutung des Wortes entsteht dabei jedoch keinerlei Unterschied.

Der Buchstabe darf jedoch in seiner Beschaffenheit nicht verändert werden, da es andernfalls ein gänzlich anderes Wort mit einer anderen Bedeutung ergeben würde. Wird beispielsweise der Buchstabe „R“ mit dem Buchstaben „T“ vertauscht oder falsch ausgesprochen, ergibt sich daraus das Wort „Tot“, welches nicht nur ein anderes Wort ist, sondern auch eine andere Bedeutung hat.

In der Gebärdensprache können durch eine andere Handstellung oder durch eine veränderte Ausführungsstelle ebenfalls solch gravierende Bedeutungsunterschiede entstehen.

Die Morphologie hingegen befasst sich mit dem Aufbau von Wörtern und deren Formen sowie Strukturen. Sie behandelt also die Wortarten und deren Wortbildung. Dazu zählen beispielsweise zeitliche Wortveränderungen durch Konjugation. Sie ist also die Formenlehre der gesprochenen Sprache. Bei der Gebärdensprache ist es möglich, mehrere Morpheme gleichzeitig auszuführen, da die Informationen auf verschiedenen Äußerungskanälen simultan gesendet werden. Die Ausführung der Gebärde erfolgt in Verbindung mit einer bestimmten Körperhaltung oder Mimik. Auch hier kommen also die manuellen und nicht manuellen Komponenten zum Tragen.

Essessentielle Bestandteile der Gebärdensprache und ihrer Ausführung

Bei der Anwendung der Gebärdensprache beziehungsweise bei der Ausführung entsprechender Gebärden handelt es sich nicht bloß um motorische, einstudierte Bewegungsabläufe.

Ganz im Gegenteil! Die Gebärdensprache besteht aus vielen kleinen Teilbereichen, die für sich gesehen alle eine besondere Bedeutung und Funktion einnehmen und dazu beitragen, die Deutung der Gebärden für alle Beteiligten so einfach wie möglich zu machen und Missverständnissen vorzubeugen.

MANUELLE UND NICHT MANUELLE KOMPONENTEN

Zum Begreifen und Ausführen der Gebärdensprache ist es wichtig, zwischen den verschiedenen Ausdrucksmitteln unterscheiden zu können. Hierzu zählen die manuellen und die nicht manuellen Bewegungsabläufe.

Manuelle Komponenten beziehungsweise Ausdrucksmittel sind all diejenigen, die per Hand oder Arm ausgeführt werden. Jede Gebärde erfordert den Einsatz von manuellen Komponenten, da sie ohne diese nicht dargestellt werden können. Dazu zählen die Handform, die Handstellung, die jeweilige Ausführungsstelle und die Bewegung selbst.

Bei der <u>Handform</u> handelt es sich um das Erscheinungsbild der Hand. Das Aussehen und die Form, die gebildet wird, sind dabei ausschlaggebend. Es können eine Vielzahl an Handformen gebildet werden, die durch die unterschiedlichen Beugungs- und Streckmöglichkeiten der Hand und Finger realisiert werden. Jede Gebärdensprache verfügt übrigens auch über ihre eigene Menge an Handformen.

- Die Handstellung gibt Auskunft über die Lage beziehungsweise Stellung der Handfläche und der Finger.
- Die Ausführungsstelle ist der Bereich, in dem die Gebärde durchgeführt beziehungsweise ausgeführt wird. Dies kann auf Kopf-, Brust- oder Bauchhöhe erfolgen und wird oftmals auch mit dem Gebärdenraum in Verbindung gesetzt.
- Die Bewegung ist schlussendlich die Art der motorischen Ausübung und sagt aus, wie sie innerhalb eines Gebärdenzeichens ausgeführt wird. Gemeint sind damit auch die Richtung der Bewegung oder die bildhafte Formgebung – wie zum Beispiel Schlangenlinien oder eine Kurve.

Bei nicht manuellen Ausdrucksmitteln handelt es sich um die Abschnitte, die vom Oberkörper und Kopf gesteuert werden: die Mimik, die Blickrichtung, das Mundbild sowie die Kopf- und Oberkörperhaltung. Sie dienen nicht nur der Mitteilung über die Stimmungs- und Gefühlslage des Gebärdenden, sondern sind auch für die Grammatik von zentraler Bedeutung.

Nicht manuelle Komponenten sind unter anderem auch Indikatoren für Satztypen, indirekte Rede oder Verneinungen.

Die nicht manuellen Elemente verlaufen meist simultan mit den manuellen ab und erfolgen daher oftmals situativ und automatisch.

DAS MUNDBILD

Als Mundbild wird die gesamte Wahrnehmung der unteren Gesichtshälfte – besonders der Lippen – bezeichnet, die bei der gesprochenen

Sprache visuell in Vorschein tritt, sprich, die Haltung der Lippen sowie des unteren Gesichtsbereiches beim Sprechen eines Wortes. Es handelt sich hierbei auch um die orale Komponente der Ausdrucksmittel. Dabei ist es allerdings unerheblich, ob das jeweilige Wort lediglich stimmlos artikuliert oder tatsächlich laut ausgesprochen wird. Das Mundbild dient somit neben der Mimik sowie Körperhaltung als ein zusätzliches Kommunikationsmittel und ist ebenfalls Bestandteil des Lippenlesens.

Das Mundbild wird demzufolge innerhalb der Gebärdensprache zur inhaltlichen Unterstützung oder auch zur Bekräftigung eingesetzt und führt in der Folge mitunter dazu, dass gleiche oder ähnliche Gebärden in ihrer Bedeutung verändert werden können. Bei einigen Gebärden handelt es sich um die gleiche manuelle Form der Darstellung, woraufhin sie ausschließlich durch das begleitende Mundbild voneinander unterschieden werden können. Es kann die Bedeutung der jeweiligen Gebärde somit näher bestimmen, um weniger Spielraum für Interpretationen zu lassen.

Auch kann durch das Mundbild eine bestimmte Gebärde unterstützend verdeutlicht werden. Beispielsweise kann bei der Ausführung der Gebärde „Wind“ mit dem Mund leicht Luft durch die Lippen geblasen werden. Das Wort „Unfall“ könnte mit dem Mundbild beziehungsweise dem Bilden des Wortes „Bäm“ dargestellt werden. Sobald Mundbilder als unterstützende Konversationsmöglichkeit verwendet werden, sollte sich auf die einfachste Form der lautsprachlichen Wörter konzentriert werden. Anstelle der Mehrzahl von Personen oder Gegenständen wird die Einzahl verwendet.

Es wird allerdings auch nicht jede manuell ausgeführte Gebärde mit dem dazugehörigen Mundbild wiedergegeben. Ist die Mundpartie aufgrund der Wiedergabe eines Ausdrucks oder einer bestimmten Mimik bereits beschäftigt, werden Mundbilder oft gänzlich ausgelassen. Oftmals werden sie in diesem Zusammenhang aber auch gar nicht mehr benötigt, da die ausgeführte Gebärde in Verbindung mit der Mimik bereits klassifizierend genug ist. Um Gehörlosen das Ablesen des Mundbildes zu ermöglichen, sollte auf eine deutliche Aussprache geachtet werden. Die Worte sollen in einem angemessenen Tempo ausgesprochen werden, ohne dabei in Zeitlupe oder übertrieben schnell zu sprechen.

MUNDGESTIK

Sämtliche Mundbewegungen, die während dem Gebärden gezielt eingesetzt werden, gehören zur sogenannten Mundgestik. Im Gegensatz zum Mundbild erzeugt die Mundgestik jedoch keinerlei Verbindung zum gesprochenen Wort, ihr kommt überwiegend eine expressiven Bedeutung zu. Sie kann allerdings auch wichtige grammatische Funktionen übernehmen. Beispiele sind unter anderem das Zeigen von Zähnen, die Bildung eines Kussmundes, das Herausstrecken der Zunge oder auch die Erzeugung von Lauten, wie „shh" oder „pff".

Der Einsatz der Mundgestik und die daraus resultierende Interpretation sind überwiegend abhängig vom jeweiligen Kontext. Die Mundgestik geschieht hauptsächlich unbewusst und reflexartig – sie kann aber zur Untermauerung bestimmter Aussagen auch gezielt eingesetzt werden.

Praxisbeispiele zur Verdeutlichung:

- Zunge herausstrecken = Ekel zeigen
- Offener Mund = Staunen signalisieren
- Kussmund = kann für eine ausgesprochene Bitte stehen
- Zähne zeigen = weite Entfernungen wiedergeben
- Lippen zusammenpressen = ein Geheimnis

DER GEBÄRDENRAUM UND DIE AUSFÜHRUNGSSTELLE

Ein Gebärdenraum ist der Wirkungskreis, in denen die Gebärden ausgeführt werden, also in etwa der gesamte Raum vor dem Körper des Gebärdenden. Die Gebärden werden demnach in einem Radius gebildet, der mit der Reichweite der Hände in Verbindung steht. Er wird auch oftmals als dreidimensionaler Spielraum oder als Gebärdenspielraum bezeichnet.

Er gliedert sich in die drei Ausführungsebenen, in denen die Gebärde schließlich vollzogen wird: frontal, waagerecht und senkrecht. Grundsätzlich zählen zu den Ausführungsstellen die Bereiche Kopf und Gesicht, Oberkörper sowie die Arme.

Welche Ausführungsstelle zur jeweiligen Ausführungsebene zählt, ist nachfolgend zum besseren Verständnis aufgelistet:

Frontal:	Kopf, Oberköper und Bauchhöhe
Waagerecht:	nah am Körper, vor dem Körper, weit vor dem Körper
Senkrecht:	links, rechts, Mitte

Bei der senkrechten Ausführungsebene wird grundsätzlich auch von der neutralen Ebene gesprochen.

GESICHTSAUSDRUCK UND MIMIK

Jeder Mensch verfügt über insgesamt 26 Muskeln allein im Gesicht, wovon etwa 12 für die Mimik verantwortlich sind.

Besonders bei gehörlosen Menschen ist die Mimik oftmals sehr stark ausgeprägt und sie kann für Außenstehende auf den ersten Blick sogar abschreckend oder aggressiv wirken. In der Tat ist die mimische Gestikulation jedoch sehr bedeutend und ein wichtiger Bestandteil innerhalb der Gebärdensprache.

Die wesentlichsten Bewegungen der Mimik finden im unteren Teilbereich des Mundes sowie der Augen statt. Wichtig für die Mimik der Gebärdensprache sind Gesichtsausdrücke, die eine gewisse Funktion erfüllen und damit unmittelbarer Bestandteil einer bestimmten Gebärde sind. Besonders zum Einsatz kommt die Mimik bei der Darstellung von Adverbien, Zeit- oder Satzformen. Hierzu zählen die Formen der Vergangenheit, Gegenwart und Zukunft sowie Verneinungen, Aussagen, Fragen oder auch die Wiedergabe von Stimmungen.

Vielleicht ist es Ihnen ja noch nie bewusst aufgefallen, doch in der Lautsprache werden Fragesätze ausnahmslos mit einer höher werdenden Stimme zum Satzende verdeutlicht. Auch innerhalb der Gebärdensprache wird ein solches Erkennungsmerkmal angewandt – dies jedoch ohne jegliche Intonation.

Die Gebärdenden greifen bei der Signalisierung einer Frage auf ihre Mimik zurück, indem die Augenbrauen angehoben werden. Diese mimische Darstellung wird bereits unterbewusst getätigt – wer also die Gebärdensprache schon sehr lange anwendet, muss über eine solche Gestik gar nicht mehr nachdenken, sondern sie geschieht schon von ganz allein.

Dies beweist und verdeutlicht somit, dass die allgemeine Mimik nicht nur ein Bestandteil der Gebärdensprache ist, sondern auch wesentlich zur Grammatik gehört.

Die Mimik verleiht bestimmten Wörtern, die gebärdensprachlich gleich ausgeführt werden, eine unterschiedliche Bedeutung. Es ist daher im Sprachgebrauch der Gebärdensprache eine wichtige Funktion. Ein falscher Gesichtsausdruck kann für eine verfälschte Interpretation sorgen und dazu führen, dass Ihr Gegenüber Sie nicht korrekt versteht.

Auch bestimmte Emotionen werden fast ausschließlich über Mimik und Gestik ausgedrückt.

Überblick der Grundemotionen – auch bezeichnet als universelle Mimik:

- Angst = weit geöffnete Augen, starrer Blick
- Freude = lächeln
- Wut = Augenbrauen nach unten gerichtet, Lippen aufeinandergepresst
- Trauer = Mundwinkel nach unten ziehen
- Überraschung = Augen weit aufgerissen, Augenbrauen gehoben, Mund leicht geöffnet
- Abscheu = Zunge herausstrecken, Nase rümpfen, würgen

BLICKRICHTUNG UND AUGENAUSDRUCK

Bei der Gebärdensprache gibt es 4 Bereiche, die beim Ausführen von Gebärden gezielt mit den Augen anvisiert werden:

- Blick in den Gebärdenraum
- Blick zum Gesprächspartner
- Blick auf die gebärdende Hand
- Blick aus Sicht einer bestimmten Person oder Rolle

Der Blick in den Gebärdenraum wird genutzt, wenn über Personen oder bestimmte Objekte gesprochen wird.

Ein gerichteter Blick auf den Gesprächspartner gilt allgemein als höflich – nicht nur bei der Gebärdensprache. Die aktive Gesprächsverfolgung wird dadurch sichergestellt und der Gesprächsführer kann Fragen oder Unverständlichkeiten unmittelbar erkennen und ausräumen.

Mit dem Blick auf die gebärdende Hand soll die Aufmerksamkeit des Gesprächspartners auf eine ganz bestimmte Sache gelenkt werden. Als Beispiel könnte hier mit Blick auf die Hände symbolisiert werden, wie die äußere Gestalt eines bestimmten Objekts aussieht (rund, eckig, groß, klein).

Der Blick aus Sicht einer bestimmten Rolle bedarf dabei ein wenig mehr Erklärung. Immer dann, wenn ein Gebärdender eine Geschichte erzählt oder Konversationen von Dritten wiedergibt, schlüpft er bei der Ausführung der Gebärden in die jeweilige Rolle des Erzählers. Gesichtsausdruck und Körperhaltung werden dabei imitiert und zusammen mit den Gebärden dargestellt. Diese „pantomimenhafte" Darstellung ermöglicht es dem Gesprächspartner, zu erkennen, von wem gerade die Rede ist oder wer zu wem spricht.

In diesem Zusammenhang findet auch die direkte und indirekte Rede statt.

Indirekte und direkte Aussagen unterscheiden sich in der Wiedergabe deutlich voneinander. So werden bei einer indirekten Aussage beispielsweise der Blick sowie die Körperhaltung weiterhin in Richtung des Gesprächspartners ausgerichtet.

„Susi sagte, dass sie hungrig ist"

Der Gebärdende würde bei dieser indirekten Rede situativ auf eine beliebige Person zeigen (sofern Susi nicht anwesend ist) und ihren Namen mit Hilfe des Fingeralphabetes formen. Die für den Kontext erforderlichen Gebärden werden mit Blick in Richtung des Gegenübers ausgeführt.

Bei direkten Aussagen wird durch eine leichte Drehung des Oberkörpers die Rolle der jeweiligen Person eingenommen.

„Susi sagte, du bist hungrig"

In diesem Fall zeigt der Gebärdende ebenfalls auf eine beliebige Person (sofern Susi nicht anwesend ist) und erklärt mit dem Fingeralphabet, um wen es sich handelt. Gleichzeitig wird die Rolle des Erzählers, in diesem Fall Susi, eingenommen und ihre Mimik sowie Blickrichtung werden dabei imitiert.

OBERKÖRPER- UND KOPFBEWEGUNGEN

Gebärden werden nicht nur mit den Händen oder der Blickrichtung ausgeübt. Der gesamte Oberkörper sowie der Kopf sind bei der Bildung von Gebärden mitbeteiligt und gehören genau genommen sogar mit zur Grammatik. Gebärden, die ohne Mimik oder Gestik – durch eine bestimmte Körperhaltung oder Kopfbewegung – ausgeübt werden, sind meist unverständlich und können vom Gegenüber nicht akkurat gedeutet werden. Genau wie der Gesichtsausdruck hat auch jede einzelne Bewegung des Kopfes oder des Oberkörpers seine ganz eigene Bedeutung.

Zusammenfassend lässt sich an dieser Stelle sagen, dass die gesamte Gestikulation unter Einbeziehung der Mimik, der Augen, der Körperhaltung sowie der Kopfstellung Einfluss auf die auszuführenden Gebärden hat.

DIE HANDFORM

Unter der Handform sind die Stellung der Daumen sowie die Beugung und Winkelung der einzelnen Finger gemeint.

Die deutsche Gebärdensprache (DGS) kennt insgesamt 34 unterschiedliche Handformen, die sich individuell von denen der anderen Gebärdensprachen abgrenzen. Im Laufe der Jahre haben sich jedoch insgesamt 6 Grundhandformen herausgestellt, die in jeder Sprache gleich ausfallen und den gleichen Bedeutungshintergrund besitzen – sie stellen demzufolge die Grundlage für eine Vielzahl von Gebärden dar.

Sie werden von allen Gehörlosen an erster Stelle erlernt und finden auch allgemein am häufigsten Anwendung.

Die 6 Grundstellungen sind:

1. Die Faust
2. Die flache Hand
3. Die gespreizte Hand
4. Die O-Hand
5. Die C- Hand
6. Der ausgestreckte Zeigefinger

Wie auch in der Lautsprache kann es in der Gebärdensprache zu Versprechern kommen. Wurde die Handform inkorrekt eingenommen oder vertauscht, führt dies zu einem gebärdensprachlichen Versprecher.

AKTIVE UND PASSIVE HAND

Wie beim Schreiben gibt es auch in der Gebärdensprache Präferenzen dahingehend, welche Hand bevorzugt verwendet wird.

Für die Gebärden wird in der Regel immer die dominierende Hand als aktive Hand verwendet. Sind Sie Rechtshänder, dann verwenden Sie die rechte Hand, bei Linkshändern werden die Gebärden mit der linken Hand ausgeführt. Da viele Gebärden aber nicht ausschließlich mit nur einer Hand realisiert werden, kommt auch oft die passive zweite Hand unterstützend hinzu.

Für das Zusammenspiel beider Hände, sogenannte Zweihandgebärden, existieren drei klare Regeln, die bei allen Gebärdensprachen Anwendung finden:

- Die Regel der Symmetrie: Bei der Ausführung der Gebärden mit zwei Händen müssen sie sich gleichzeitig, simultan bewegen und die gleiche Handform aufweisen. Alle Komponenten, wie die Handform, die Ausführungsstelle sowie die Bewegung an sich, fallen identisch aus. Die synchron ablaufenden Bewegungen der Hände können dabei parallel oder auch spiegelbildlich erfolgen. Die Unterteilung der Hände in aktiv und passiv (dominant, nicht dominant) ist hierbei unerheblich.

- Die Mittel-Form: Die Handform beider Hände ist gleich, die Handstellung kann jedoch verschieden sein. Besonderes Merkmal ist, dass sich hier lediglich eine Hand bewegt.

- Die Regel der Dominanz: Weisen die Hände bei einer Zweihandgebärde unterschiedliche Handformen auf, muss die dominante Hand aktiv bewegt werden, die zweite Hand verweilt in einer passiven Stellung und kann lediglich unterstützend genutzt werden.

Besonderheiten, Aufbau und Grammatik der Gebärdensprache

Wer glaubt, dass die Gebärdensprache lediglich aus bestimmten aufeinanderfolgenden Bewegungsabläufen der Finger und Hände besteht, der irrt sich maßgeblich.

Die Gebärdensprache ist überaus komplex und unterliegt genau wie die deutsche Lautsprache bestimmten Regeln und grammatikalischen Gesetzen.

Obwohl oft eine Vielzahl an Gebärden gebildet werden muss, um einen zusammenhängenden Satz formulieren zu können, ist die Gebärdensprache zum Teil sogar schneller als die gesprochene Sprache. Es ist unter Einbeziehung der räumlichen Dimensionen nämlich durchaus möglich, mehrere Bedeutungen gleichzeitig zu übermitteln.

Einige Inhalte, die in der Lautsprache einen ganzen Satz erfordern würden, können in der Gebärdensprache mit nur einer einzigen Handbewegung gebildet werden. Umgekehrt gilt dies jedoch auch.

BILDHAFTIGKEIT

Die überwiegende Anzahl von Gebärden ähnelt tatsächlichen Objekten. Sie geben beispielsweise deren Eigenschaften, wie die Größe oder die Form, wieder und können dadurch in den meisten Fällen auch von Menschen verstanden werden, die eigentlich keine Gebärdensprache beherrschen. Diese Art von Gebärden werden als bildhaft oder ikonisch bezeichnet. Es werden jedoch nicht ausschließlich konkrete Gegenstände bildhaft nachgeahmt, sondern auch abstrakte Inhalte, wie beispielsweise die Verben „sich fürchten" oder „denken". Insgesamt existieren drei verschiedene Unterkategorien der Bildhaftigkeit von Gebärden:

Transparent

Die Bedeutung der ausgeführten Gebärde bezieht sich unmissverständlich auf das Objekt und ist dadurch für jeden ersichtlich – auch für Personen, die bisher wenig bis gar keine Berührungspunkte mit der Gebärdensprache hatten. Als Beispiel kann hier die Gebärde für Hallo gewählt werden – mit der geöffneten Hand wird gewunken.

Halbtransparent

Die Bedeutung der ausgeführten Gebärde ist nicht sofort für jeden ersichtlich. Die Beziehung zum entsprechenden Objekt wird aber dann klar, sobald dessen Bedeutung klar ist. Als Beispiel kann hier die Gebärde für Fasching herangezogen werden – die Hand wie eine Maske vor das Gesicht halten.

Nicht transparent

Hierbei handelt es sich um sogenannte undurchsichtige Gebärden, die in diesem Fall nicht bildhaft beziehungsweise ikonisch gebildet werden. Der resultierende Bezug zwischen der Gebärde und dem jeweiligen Objekt kann nicht hergestellt werden.

ZEITFORMEN

Die in der deutschen Lautsprache vorhandenen grammatikalischen Zeitformen, wie die Vergangenheitsform, die Zukunfts- sowie die Gegenwartsform, existieren in der Gebärdensprache als eigenständige Wörter nicht, da dies eine deutlich zu hohe Anforderung wäre.

Eine Konjugation findet demzufolge nicht statt, lediglich die

Grundform ist vorhanden. Das deutsche Vokabular besteht nämlich aus einer Vielzahl an Zeitformen, die innerhalb der Gebärdensprache mit einer entsprechenden Geste wiedergegeben werden. Wenn zeitliche Angaben ausgedrückt werden sollen, geschieht dies nämlich durch zusätzliche Gebärdenzeichen oder es wird durch eine bestimmte Mimik, Geste oder Körperhaltung vermittelt, welche die jeweilige Zeitform beschreiben.
Eine gängige Methode der zeitlichen Anpassung von Verben (Konjugation) ist die Wiedergabe der Gebärde anhand einer sogenannten Zeitlinie.

Diese kann auf unterschiedlichen Arten erfolgen. Zum Beispiel werden Dinge, die die Zukunftsform widerspiegeln sollen, weiter weg vor dem Körper ausgeführt. Die Gegenwartsform wird nah am Körper dargestellt und die Vergangenheitsform orientiert sich vom Körper aus gesehen hinter dem Rücken.

Diese Darstellung lässt sich aber auch quer vor dem Körper präsentieren, wobei die Mitte die Gegenwart darstellt, die linke Seite des Erzählers die Vergangenheit bildet und die rechte Seite die Zukunft widerspiegelt.

Immer dann, wenn Zeitangaben nicht aus dem Kontext zu entnehmen sind, müssen sie zum Beginn eines Satzes manuell gebärdet werden.
Für die Zeitangabe eines temporalen Geschehens können gezielte Zeitgebärden verwendet werden.

Zu Beginn einer jeden Konversation wird somit vom Gebärdenden klargestellt, um welche Zeitform es sich gerade handelt. Diese verliert auch erst dann wieder an Gültigkeit, bis eine neue Zeitangabe gebärdet wird.

- Für die Vergangenheitsform sind dies in der Regel folgende Gebärden: Vergangenheit, früher, gestern, vorgestern
- Bei Zukunftsformen existieren folgende Gebärden: Zukunft, demnächst, morgen, übermorgen, spät
- Beim Vermitteln von Gegenwartsformen kommen folgende Gebärden ins Spiel: heute, jetzt

Zeitformen können allerdings auch ohne die entsprechende Gebärde dargestellt werden. Bezieht sich zum Beispiel etwas auf die Vergangenheit, kann der Gebärdende diesen Teil der Formulierung näher am Körper ausführen als den Rest des Satzes.

ORTSANGABEN

Ortsangaben, wie beispielsweise „zu Hause", „in der Stadt" oder „im Bus", folgen unmittelbar nach der Zeitform.

Beispiel: Heute – in der Stadt – ich – dich – treffe.

Um eine Ortsangabe noch zu vertiefen und dem Gegenüber eindeutig zu vermitteln, dass man sich zum Beispiel an diesem Ort trifft, wird die Gebärde „dort" angewandt. In diesem Fall wird das hinzukommende „dort" direkt mit der jeweiligen Ortsangabe verknüpft.

Beispiel: Heute – in der Stadt – dort – ich – dich – treffe.

GRAMMATIK

Die Grammatik der Gebärdensprache ist sehr vereinfacht und hebt sich besonders durch die Verbstellung von der Lautsprache ab. Ein Satz besteht in der Regel aus der Zusammensetzung von „Subjekt – Objekt – Verb“ die sogenannte SOV-Methode.

Diese Satzstellung ist einer der Hauptgründe dafür, warum es beinahe unmöglich ist, die Lautsprache und gleichzeitig die Gebärdensprache anzuwenden. Wer deutsch spricht, kann nicht gleichzeitig in der gleichen Form gebärden. Die unterschiedliche Grammatik kommt sich dabei einfach zu sehr in die Quere.

Bei der gebärdensprachlichen Grammatik ist die Umstellung der Satzglieder (Subjekt – Objekt –Verb) nicht erlaubt und das jeweilige Verb steht immer am Ende eines jeden Satzes.

Beispiele:

„Ich trinke eine Tasse Tee“ wird in der Gebärdensprache zu „Ich – Tee – trinken“

Mit dem Zeigefinger auf sich selbst tippen – Daumen und Zeigefinger bilden einen Ring und das Eintauchen des Teebeutels wird imitiert – C-Förmige Handform wird eingenommen und zum Mund geführt

„Ich möchte mit dir Tanzen“ wird in der Gebärdensprache zu „Ich – Du – tanzen“

Mit dem Zeigefinger auf sich selbst tippen – Mit dem Zeigefinger auf die jeweilige Person zeigen – passive Hand flach vor den Körper ausstrecken und mit Zeige- und Mittelfinger der dominanten Hand zwei Mal darüber schwanken.

„Wie alt bist du?“ wird in der Gebärdensprache zu „Du – wie – alt?“

Zeigefinger auf die jeweilige Person richten – Daumen und kleinen Finger beider Hände abspreizen und vor dem Körper in entgegengesetzte Richtungen ziehen – den zu Krallen geformten Zeige- und Mittelfinger über die Wange abwärts streichen.

Die Besonderheit im letzten Satz ist das Fragewort „wie“. Es wird hier nicht wie gewöhnlich zum Satzbeginn oder -ende verwendet, sondern verschmilzt mit dem Wort „alt“. Sollte es zusätzlich noch Adverbien geben, so werden sie unmittelbar hinter dem Subjekt angeordnet.

Beispiel:

„Ein Kind baut eine große Sandburg“ wird in der Gebärdensprache zu „Kind -Sandburg - groß - bauen“

Hilfsverben, wie zum Beispiel „sein“ oder „haben“, finden in der Gebärdensprache keine Anwendung, da sie sich in der Regel aus dem Kontext ergeben.

Beispiele:

„Ich bin durstig“ wird in der Gebärdensprache zu „Ich - Durst“

„Ich habe Hunger“ wird in der Gebärdensprache zu „Ich - Hunger“

Wenn eine Handlung zu Ende ist und danach eine neue folgt, wird dies überwiegend mit der Gebärde „Fertig“ signalisiert. Dabei schlägt die rechte Handkante auf die Innenfläche der flach ausgestreckten linken Hand.

NOMEN, VERBEN UND ADJEKTIVE

In der deutschen Lautsprache zählen Nomen, Verben und Adjektive zu den sogenannten Wortklassen. Nomen nehmen dabei Bezug auf einen Eigennamen oder eine Bezeichnung einer bestimmten Sache. Verben beschreiben Handlungen oder Zustände und Adjektive drücken Eigenschaften aus.

In der Gebärdensprache weisen viele Gebärden keine Merkmale für eine eindeutige Klassifizierung auf, sodass sie grammatisch nicht voneinander trenn- oder unterscheidbar sind.

Als Beispiel kann das Wort „Wohnen“ herangezogen werden. Es kann zum einen als ein Zustand ausgedrückt werden und somit als Verb „wohnen“ gelten oder aber auch für ein Nomen, nämlich „die Wohnung“ stehen. In der Gebärdensprache wird sowohl das Verb als auch das Nomen gleich dargestellt, weshalb eine grammatikalische Differenzierung nicht stattfinden kann (Die aufgestellte Hand wird mit der Handkante zwei Mal gegen die Wange gerieben – die Handinnenfläche zeigt dabei nach außen).

Verben werden innerhalb der Gebärdensprache immer als Prädikat geformt, welches ganz zum Schluss gebärdet wird, aber das eigentliche Zentrum des Satzes darstellt. Nomen bilden die Subjekte oder Objekte, die sich um das Verb herum formen. Adverbiale Bestimmungen der Zeit werden dagegen in der Regel am Satzanfang gebildet.

Die Hauptfunktion von Adjektiven ist die Widerspiegelung von Handlungen, Zuständen (auch Maßangaben) oder auch von Gegenständen. Sie werden unter anderem auch als Eigenschaftswörter bezeichnet, da sie eine bestimmte Art, Farbe oder Form angeben können. Wenn mehrere Adjektive in einem Satz verwendet werden, dann müssen sie nach dem Nomen stehen.

SATZFORMEN

Fragewörter oder Aussagen stehen in der Regel immer entweder am Ende oder direkt am Anfang eines Satzes.

Fragen, Aufforderungen, Stimmungen, Verneinungen oder Aussagesätze werden durch eine bestimmte Mimik und Körperhaltung vermittelt. Sie besitzen demnach nicht immer eine eigene Gebärde, sondern werden zusammen mit dem Kontext als mimische Geste ausgedrückt.

Eine weitere Möglichkeit diese Satzformen widerzugeben, ist die angepasste Geschwindigkeit der ausgeübten Gebärden. Bei beiden Alternativen ist der Zusammenhang des Gespräches entscheidend, denn eine einzelne Gebärde kann, je nachdem, wie sie miteinander kombiniert wird, oft mehrere Bedeutungsmöglichkeiten haben.

Fragesätze

Hierbei ist die Unterscheidung zwischen tatsächlichen Fragen in Form von zum Beispiel wann, wer, was, wo, warum – also die sogenannten W-Fragen – und den Entscheidungsfragen wichtig.

Entscheidungsfragen sind geschlossene Fragen, die vom Gesprächspartner lediglich mit Ja oder Nein beantwortet werden müssen. In der Gebärdensprache werden diese mit nicht manuellen Komponenten ausgedrückt – also mit Mimik und Gestik.

Offene Fragen, die eine jeweilige Antwort des Gegenübers verlangen, werden in der Regel mit der dazugehörigen Gebärde ausgedrückt, welche zu Beginn oder zum Ende des Satzes gebildet werden.

Wird in der Gebärdensprache also eine Frage mit jeweiligem Fragewort gestellt, wird es in der Regel hinter die Stelle des Verbs gesetzt. Bei der Frage „Was möchtest du" wird somit zunächst die Gebärde für „Du", dann die für „magst" und schlussendlich das Fragewort „was" gebildet. Oftmals ergibt sich aus dem Kontext, dass es sich um eine tatsächliche Frage handelt – zur Verdeutlichung kommen allerdings noch Mimik und Gestik hinzu. Die Augenbrauen werden nach oben gezogen und auch der Kopf kann leicht angeschrägt werden.

Aufforderungssätze

Aufforderungen können Bitten oder Befehle sein, die vom Gegenüber ausgeführt werden sollen. Sie werden beide mit der Gebärde „Bitte" zu Beginn oder zum Ende eines Satzes gebildet.

Hierbei spielt die Mimik eine entscheidende Rolle und gibt schließlich die Auskunft darüber, ob etwas als höfliche Frage, freundliche Aufforderung oder Befehl gemeint ist.

Verneinung

Wer etwas verneinen möchte, der kann dies mit einer klaren „Nein" Gebärde zu Beginn eines Satzes ausdrücken – dabei handelt es sich um die manuelle Verneinungsform. Dies ist jedoch relativ holprig und wird nur sehr selten angewandt.

Eine deutlich elegantere Art und Weise, zu verneinen oder seine Abneigung zu bekunden, geschieht durch die nicht manuelle Ausdrucksform: mit einer bestimmten Mimik oder dem bloßen Kopfschütteln kann beim Gebärden des jeweiligen Verbs die Verneinungsform beziehungsweise die Abneigung verdeutlicht werden. Vereinzelt wird für die Verneinung auch ein Runzeln der Stirn oder ein Rümpfen der Nase verwendet.

Hauptsächlich wird in der deutschen Gebärdensprache allerdings auf das international gültige Kopfschütteln zurückgegriffen. Um einer Verneinung noch mehr Ausdruck zu verleihen, können Wörter wie „niemals" oder „auf keinen Fall" mit der jeweiligen Gebärde zusätzlich ausgedrückt werden.

SATZVERBINDUNGEN

In der deutschen Lautsprache gibt es eine Vielzahl an Satzverbindungen, die zum Einsatz kommen, wenn zwei Sachverhalte gegenübergestellt oder zwei gleichrangige Satzteile miteinander verknüpft werden sollen. Dazu zählen unter anderem die Füllwörter „und, oder, aber, auch, dann".

Um diese Wortverbindungen zu nutzen und Hauptsätze von Nebensätzen zu unterteilen, macht die Gebärdensprache sowohl von auszuführenden Gebärden als auch von der damit einhergehenden Mimik Gebrauch. Schon ein Wechsel der Kopfstellung, des Oberkörpers oder der Mimik können Anhaltspunkte dafür sein, dass gegebenenfalls gerade zwei Sachverhalte miteinander verbunden werden.

Besonders die Wortarten, die eine Konsequenz bezeichnen, wie „wenn – dann" oder „je – desto" finden in der Gebärdensprache lediglich durch Mimik und Gestik Anwendung. Auch das Wort „und" hat in der Gebärdensprache zum Beispiel kein eigenständiges Gebärdenzeichen, es existiert also nicht. Hier muss der Gebärdenraum genutzt werden, indem eine Gegenüberstellung veranschaulicht wird. Oftmals wird mit beiden Zeigefingern aber auch ein Pluszeichen gebildet, um die Satzverbindung anzudeuten.

Vergleiche werden grundsätzlich mit der Gebärde „gleich" ausgedrückt und können unter Umständen mit Einbeziehung des Gebärdenraumes verdeutlicht werden. Dies geschieht meist bei Vergleichen von Größen oder Formen.

TONFALL

Dass die Gebärdensprache im Grunde von keinerlei betonender, akustischer Artikulation begleitet ist, bedeutet nicht zwingend, dass der Tonfall keine Rolle spielt. Er zeigt sich lediglich auf eine andere Art und Weise.

In der Lautsprache wird oft das bekannte Sprichwort, „Der Ton spielt die Musik", verwendet. Gemeint ist damit, dass durch die Tonart beziehungsweise den Tonfall eine bestimmte Mitteilung von nett über sachlich bis hin zu verärgert beim Empfänger ankommen kann. Diese Differenzierungen äußern sich aber auch in der Lautsprache nicht ausschließlich durch die Akustik, sondern werden ebenfalls von Mimik und Gestik begleitet.

Der gebärdensprachliche Tonfall liegt in diesem Zusammenhang auf der Betonung der auszuführenden Gebärden. Genau wie in der gesprochenen Sprache sind hier die Mimik, der Gesichtsausdruck, die Körperhaltung und die gesamte Gestikulation entscheidend und geben Auskunft über die jeweilige Stimmung. Möchte man in der Gebärdensprache flüstern, dann werden die Gebärden einfach deutlich kleiner als gewöhnlich im Gebärdenraum gebildet. Möchte man etwas laut oder sogar schreiend von sich geben, dann wird die Gebärde groß und außerhalb des Gebärdenraumes vollzogen.

MEHRSPRACHIGKEIT

Wer in ein fremdes Land reist, sieht sich mit einer anderen Sprache konfrontiert und läuft Gefahr, diese nicht zu verstehen. Gleiches gilt auch für die Gebärdensprache. Man könnte zwar glauben, dass es sich dabei um eine konstruierte Sprache handelt, die überall auf der Welt gleich ist – doch dem ist keinesfalls so.

Wie auch bei der Lautsprache, besitzt beinahe jedes Land seine eigene Gebärdensprache, weshalb es weltweit rund 200 verschiedene Variationen gibt. Etwa 60 davon sind bisher wissenschaftlich erforscht worden und zum Teil dokumentiert.

Sprachen wurden bereits vor Jahrhunderten kulturell beeinflusst, was maßgeblich zur Sprachentwicklung beigetragen hat. Bei der Sprache der Gehörlosen ist dies nichts anderes, da sie sich unmittelbar an die Lautsprache anlehnt. Auch die entsprechende Grammatik kann verschieden sein.

Demzufolge müssen Hörende wie Taube gleichermaßen Fremdsprachen erlernen, um sich international auf der Welt verständigen zu können.

Doch nicht nur die internationale Mehrsprachigkeit ist vorhanden, sondern auch innerhalb des gleichen Landes kann es Unterschiede in der Ausführung der Gebärden geben. Es kann somit passieren, dass es auch national, innerhalb Deutschlands, zu Verständigungsproblemen kommen kann. Meistens handelt es sich dabei zwar lediglich um einzelne Gebärden, die voneinander abweichen, dies kann im Kontext jedoch zu inhaltlichen Differenzen führen.

Gemeint sind damit regionale Dialekte. Sogar bestimmte Slangs, wie sie in der heutigen Jugendsprache verwendet werden, finden sich in der Gebärdensprache wieder – dabei handelt es sich um altersspezifische Abweichungen der sprachlichen Äußerung. Jugendliche verwenden oftmals eine unterschiedliche Ausdrucksweise als ältere Menschen. All dies ist in der Gebärdensprache nicht anders und verdeutlicht, wie stark sich der sprachliche Gebrauch und die äußeren Bedingungen gleichen.

Gibt es eine international anerkannte Gebärdensprache?

Die ASL (American Sign Language) gilt inoffiziell als Weltsprache, da sie die bisher am meisten erforschte ist. Zusätzlich ist sie sehr weit verbreitet und wird in vielen Ländern – vorwiegend Lateinamerika, Südostasien, Afrika und Kanada – gesprochen.

Es existiert allerdings eine Unterkategorie der internationalen Gebärdensprache, nämlich die ISL (International Sign Language). Dabei handelt es sich um ein künstlich geschaffenes System, das eine Vielzahl an Übereinstimmungen mit der ASL besitzt. Im Grunde ist es eine sehr reduzierte Sprachform, die verschiedensprachigen Gesprächspartnern als Verständigungsform dienen soll – hier spricht man auch von der sogenannten Pidgin-Sprache. Es handelt sich dabei also um eine Art Behelfssprache, die oftmals auf großen internationalen Treffen oder Tagungen verwendet wird.

Die ISL entsprang ursprünglich dem Bedürfnis tauber Menschen, sich trotz lokaler und regionaler Sprachdifferenzen auf Reisen oder internationalen Treffen besser und einfacher verständigen zu können.

Auflistung der heutigen offiziellen Gebärdensprachen

Die nachfolgende Übersicht gibt Auskunft über die aktuell verwendeten und offiziellen Gebärdensprachen sowie deren Bezeichnung. Es existieren noch weitaus mehr, deren offizielle Bezeichnung jedoch unbekannt ist. Bei den hervorgehobenen Gebärdensprachen handelt es sich um die bekanntesten und verbreitetsten, die oftmals auch als Fremdsprache erlernt werden.

DGS	Deutsche Gebärdensprache
DSGS	Deutschschweizer Gebärdensprache
ÖGS	Österreichische Gebärdensprache
ASL	Amerikanische Gebärdensprache
BSL	Britische Gebärdensprache
LSE	Spanische Gebärdensprache
LSF	Französische Gebärdensprache
JSL	Japanische Gebärdensprache
LSC	Katalanische Gebärdensprache
CZJ	Tschechische Gebärdensprache
DT	Dänische Gebärdensprache
FinSL	Finnische Gebärdensprache
ISL	Irische Gebärdensprache
LIS	Italienische Gebärdensprache

LGP	Portugiesische Gebärdensprache
LSM	Maltesische Gebärdensprache
NGT	Niederländische Gebärdensprache
PJM	Polnische Gebärdensprache
STS	Schwedische Gebärdensprache
TiD	Türkische Gebärdensprache
ENT	Griechische Gebärdensprache
NZSL	Neuseeländische Gebärdensprache
Libras	Brasilianische Gebärdensprache

Wie auch in der Lautsprache ähneln sich einige Gebärdensprachen stark und können auch länderübergreifend verstanden werden. Die sich ähnelnden Wortfamilien oder Sprachtypen sind aber nicht mit der Lautsprache zu vergleichen. Die ASL (Amerikanische Gebärdensprache) hat zum Beispiel mit der BSL (Britischen Gebärdensprache) deutlich weniger Gemeinsamkeiten als mit der LSF (Französischen Gebärdensprache).

Die DGS (Deutsche Gebärdensprache) ist eine sogenannte lokale Sprache und weist aus diesem Grund keine großen Sprachverwandtschaften auf.

Wie entsteht eine Gebärde?

Wie Sie im theoretischen Teil bereits erfahren haben, setzen sich Gebärden aus mehreren Komponenten zusammen. Die beiden wichtigsten Bausteine der Bildung beziehungsweise Wiedergabe von Gebärden sind die manuellen und nicht manuellen Ausführungsformen.

Wie Sie ebenfalls bereits wissen, gehören zu den manuellen Bestandteilen einer Gebärde beispielsweise die Handform und auch die Ausführungsstelle. Doch auch die Bewegung ist ein wichtiger Parameter für die korrekte Wiedergabe und Bildung einer Gebärde.

Die jeweiligen Ausführungsformen sind dabei von einer sehr hohen Bedeutung, können den Sinngehalt einer Gebärde entscheidend verändern und sind dahingehend ausschlaggebend für die Bildung, aber auch für das Verständnis einer entsprechenden Gebärde. Zu den manuellen Bewegungsabläufen beziehungsweise Ausführungsformen zählen:

- geradlinig
- bogenförmig
- spiralförmig
- kreisförmig
- Schlangenlinien
- wellenartig
- zick-Zack

Die vorgenannten Bewegungsmuster werden mit sehr komplexen Bewegungen ergänzt, die sich schlussendlich aus dem jeweiligen Kontext ergeben und für die keine eigenständige Gebärde existiert. Hierzu zählt zum Beispiel das Zusammenknüllen einer Zeitung.

Doch allein durch die manuelle Ausführung einer Gebärde kann in vielen Fällen noch kein funktionierendes Gespräch entstehen. Entscheidend für die Entstehung einer Gebärde sind auch die nicht manuellen Komponenten, nämlich die Mimik, die Körperhaltung und die Blickrichtung des Gebärdenden. Der gesamte Oberkörper ist aus diesem Grund bei der Gebärdensprache von Bedeutung. Eine bloße manuelle Bewegung der Hände oder eine Stellung der Finger macht noch lange keine Gebärdensprache aus. Erst das Gesamtbild ermöglicht dem Gegenüber eine verständliche Interpretation. Dies ist auch der Grund, warum Gebärdendolmetscher im Fernsehen zum Beispiel immer im Ganzkörperformat eingeblendet werden.

Innerhalb der Lautsprache ist die Intonation ausschlaggebend dafür, wie der Redner das Gesagte meint und welche Wichtigkeit dahintersteht. Wird ein Satz monoton ohne jegliche stimmliche Veränderung ausgesprochen, lässt dies für den Empfänger sehr viel Platz für Interpretationen.

Das gesprochene Wort wird zwar verstanden, kann jedoch kommunikativ nicht sicher eingeordnet werden. Gleiches würde in der Gebärdensprache passieren, wenn die Wiedergabe der gesamten Körpersprache entfallen würde.

WAS SIND DIE EINZELNEN BESTANDTEILE DER GEBÄRDENSPRACHE?

Jedes Gebärdensprachzeichen besteht aus unterschiedlichen Bausteinen, die durch Einbeziehung der Grammatik miteinander verknüpft werden.

Manuelle Bausteine
Hierbei handelt es sich um Elemente, aus denen selbstständige Handzeichen gebildet werden. Dazu zählen die Handform, die Handstellung, die Ausführungsstelle sowie die entsprechende Bewegung der Gebärde.

Nicht manuelle Bausteine
Dies sind Elemente der Gebärdensprache, die mit dem Gesicht ausgedrückt werden. Dazu zählen die Mimik, die Gestik, das Mundbild sowie die gesamte Kopf- und Körperhaltung.

Diese Bausteine finden sich auch in der Lautsprache wieder, da sie auch hier eingesetzt werden, um zusätzliche Informationen zu liefern, die kein Teil der Sprache sind – sie sind demnach nonverbal. Auf diese Weise werden zum Beispiel häufig Gefühle oder ein persönliches Meinungsbild übertragen. Gesprochene Sätze können mit einer unterschiedlichen Mimik etwas ganz anderes aussagen – das hat die Gebärdensprache an diesem Punkt mit der Lautsprache gemein.

Zeichen
Dies sind für sich alleinstehende Gebärden, die wiederum in Einhand- und Zweihandgebärden unterteilt werden. Wie der Name bereits vermuten lässt, werden einhändige Gebärden mit einer Hand ausgeführt und zweihändige Gebärden hingegen mit beiden Händen.

Einige Gebärdenzeichen bestehen sogar aus mehreren aufeinanderfolgenden Zeichen – vergleichbar mit zusammengesetzten Worten, wie etwa Fensterbank – Fenster + Bank.

Kombination von Zeichen und Zeichenteilen
Es gibt Gebärden, die bestimmte Bauteile besitzen, die nicht allein stehen können. Hierbei handelt es sich um die sogenannten gebundenen Morpheme. Diese Zeichenteile beziehen sich in der Regel auf den Anfang

sowie das Ende einer Verb-Gebärde.

Soll zum Beispiel einer anderen Person geholfen werden, beginnt die Gebärde bei der gebärdenden Person selbst und sie endet bei der Person, die Hilfe angeboten bekommt. So wird die Aussage, „Ich helfe dir", mit der Gebärde für „helfen" ausgedrückt, wobei die Ausführung an einem Ort beginnt und sich zum anderen Ort hinbewegt.

Daneben gibt es auch eine simultane Kombination von Gebärdenteilen. Auf diese Weise ist es möglich, besonders viele Informationen in bloß einer einzigen Gebärde zu verpacken. Um den sinngemäß gleichen Inhalt in der Lautsprache wiederzugeben, wären durchaus mehrere Wörter erforderlich.

Besonderheit der deutschen Gebärdensprache (DGS)

Die deutsche Gebärdensprache (DGS) ist im Jahr 2002 offiziell als natürliche, vollwertige und eigenständige Sprache anerkannt worden. Sie steht der deutschen Lautsprache in ihrer grammatischen oder linguistischen Form in nichts nach.

Ein besonderes Merkmal, welches die deutsche Gebärdensprache von denen der anderen Länder hervorhebt und abgrenzt, ist, dass sie zusätzlich zu den ausgeführten Gebärden auch stark oralbetont verläuft.

Viele Wörter werden neben der Ausführung der Gebärde mit den Lippen lautlos nachgebildet. Dies stellt allerdings keinen zwingend erforderlichen Part der deutschen Gebärdensprache dar, sondern begründet sich in den Ursprüngen der Gehörlosenpädagogik in Deutschland sowie der damit verbundenen schulischen Ausrichtung.

Viele Schulformen haben in der Vergangenheit die oral gesprochene Sprache unterstützt, weshalb das verstärkt eingesetzte Mundbild in der DGS als Nebeneffekt regional mit auftreten kann.

Demgegenüber steht die amerikanische Gebärdensprache (ASL), welche nur im Notfall und zur Unterstützung des Kontextes die orale Betonung verwendet. Sie nutzt dafür im Gegenzug jedoch das Fingeralphabet deutlich mehr, als es bei der DGS üblich ist.

Anders als die Lautsprache sind die österreichische Gebärdensprache sowie die deutschschweizerische Gebärdensprache nicht mit der deutschen Gebärdensprache verwandt. Es handelt sich dabei nicht nur um einen Dialekt, sondern um eine vollends andere Gebärdensprache.

Die deutsche Gebärdensprache ist ein wichtiger Bestandteil der Gehörlosengemeinschaft und dessen Kultur und wird nicht zuletzt aus diesem Grund auch heute noch immer weiter erforscht. Der DGS fehlt es jedoch noch an einem vollwertigen und einheitlichen Wörterbuch beziehungsweise einem schriftlich festgehaltenen Zeichensystem. Um sich schriftlich zu äußern, nutzen auch die Gehörlosen die gewöhnliche Lautsprache, die je nach schulischer Bildung genauso gut beherrscht wird wie die Gebärdensprache.

Diese Art der schriftlichen Wiedergabe hat jedoch den Nachteil, dass die eigentliche Gebärdensprache nicht erfolgen kann. Hierfür müssten Handform, Ausdrucksstelle, Mimik sowie all die anderen Faktoren bildhaft dargestellt werden. Dies wäre nicht nur sehr mühselig, es würde auch sehr viel Zeit beanspruchen. Aus diesem Grund bedienen sich auch die Gehörlosen der allgemeingültigen lautsprachlichen Schriftsprache.

Eine Reise durch die Zeit – Die Geschichte der Gebärdensprache

Die Geschichte der Gebärdensprache reicht viele hundert Jahre zurück. Sie entstand überall dort, wo gehörlose Menschen aufeinandertrafen. Sie wuchs aus einfachen Zeigetechniken oder skizzierenden, pantomimenhaften Nachbildungen einzelner Gegenstände heran und gewann mit zunehmendem Umfang an Zeichen sowie einer strukturierten Abfolge an Bedeutung.

Eine erste, stabilisierende Entwicklung der Gebärdensprache erfolgte im 16. Jahrhundert – hier sollen gehörlose Kinder von adligen Familien in sogenannten Klosterschulen mithilfe einfacher Gebärdenformen unterrichtet worden sein. Auch das Fingeralphabet trat während dieser Zeit das erste Mal zum Vorschein. Wann es jedoch tatsächlich erfunden wurde und wer dafür verantwortlich war, ist noch bis heute ein Mysterium.

Schon in der Antike sollen Schriftzeichen existiert haben, die auf gehörlose Menschen und deren Verständigungsformen hindeuteten.

Die Revolution der Gebärdensprache fand daraufhin allerdings erst viele Jahre später, im 18. Jahrhundert, in Frankreich statt. Vom Mönch Abbé de l'Epée wurde im Jahr 1760 die erste öffentliche Schule für Gehörlose in Paris gegründet, in der eine Form der heutigen Gebärdensprache sowie das Fingeralphabet gelehrt wurde. Seinerzeit handelte es sich bei der Pariser Lehre der Gebärdensprache um eine Art Projekt. Die Gebärden, die taube Menschen im alltäglichen Leben nutzten, wurden von Abbé de l´Epée der französischen Grammatik angepasst und allmählich zu einer vollständigen Sprache entwickelt.

Kurze Zeit später, im Jahr 1778, wurde auch in Deutschland die erste Taubstummenanstalt mit Sitz in Leipzig nach dem Pariser Vorbild eröffnet. Gründer war der deutsche Pädagoge Samuel Heinicke. Er gilt noch heute als Erfinder der deutschen Methode der Gehörlosenpädagogik. Seine Methode war seinerzeit jedoch stark umstritten, da er die Meinung vertrat, dass die oral gesprochene Sprache an oberster Stelle steht. Er versuchte, die Gehörlosen mit einer Art gelerntem Sprechen an die Welt der Hörenden zu gewöhnen. Einige Jahre später wurde das Konzept allerdings wieder umgeworfen, nachdem im Unterricht die Gebärdensprache erfolgreich getestet wurde.

Die Gehörlosengemeinschaften weltweit hatten im Verlauf der Jahrhunderte mit sehr vielen Umstrukturierungen zu kämpfen, denn immer öfter wurde versucht, die Unterrichtsmethoden der Gebärdensprache hin zu jenen der Lautsprache zu verändern.

Auch in Deutschland wurde im Jahr 1834 die Kombination zwischen der Gebärdensprache in Verbindung mit der Lautsprache befürwortet.

MAILÄNDER KONGRESS

1880 fanden sich insgesamt 255 europäische und amerikanische Lehrerinnen und Lehrer der Taubstummenlehre in Mailand zu einem Kongress zusammen, um die weitere Methodik und Entwicklung der Pädagogik für Gehörlose zu besprechen. Unter ihnen befanden sich lediglich zwei gehörlose Lehrer.

Mit Ausnahme von Amerika entschieden sich die einzelnen Länder für die ausschließliche orale Unterrichtsform. Dies deutete den Untergang der Gebärdensprache an, die durch den Beschluss schließlich gänzlich abgeschafft wurde.

Gehörlose sollten von nun an ausschließlich die Lautsprache erlernen und verloren damit ihre Identität, Zugehörigkeit und Gemeinschaft.

Vom Mailänder Kongress an wurden Gehörlose als dumm abgestempelt. Die Gebärdensprache galt als primitiv und wertlos, wurde verachtet und als „Affensprache“ abgestempelt. Es wurde versucht, Gehörlose zu Hörenden zu erziehen, koste es, was es wolle. Es ging sogar so weit, dass während der 30er und 40er Jahre in Deutschland die Sterilisation von Gehörlosen erfolgen sollte, damit diese keine Nachkommen mehr gründen könnten.

Lediglich die Kirchen haben den Beschluss des Mailänder Kongresses abgelehnt und weiterhin ihre Predigten auch in der Gebärdensprache abgehalten. Nutzer der Gebärdensprache formten sich zu kleinen Gruppen zusammen, in denen sie heimlich die Gebärdensprache weiterhin nutzen und lernen konnten. Auch innerhalb der Schule haben sich die gehörlosen Kinder mit der ihnen bekannten Gebärdensprache verständigt und sie somit heimlich immer weiter ausgebaut.

WILLIAM STOKOE

Der amerikanische Professor für Sprachwissenschaften befasste sich als einer der ersten mit der Erforschung der Gebärdensprache, im Speziellen mit der amerikanischen Gebärdensprache.

William Stokoe konnte anhand seiner im Jahr 1960 veröffentlichten Forschungsergebnisse beweisen, dass es sich bei der Gebärdensprache um eine komplexe linguistische Form inklusive eigenständiger Struktur sowie Grammatik handelte und es demzufolge eine allgemeingültige Sprache darstellt. Mit diesen bahnbrechenden Erkenntnissen revolutionierte er die gesamte Gehörlosenpädagogik und verhalf ihr zu einem neuen Aufschwung. Er gilt seither als Erfinder der Gebärdensprache.

Bis zu diesem Zeitpunkt wurde die Sprache der Gehörlosen verachtet und unterdrückt. Gehörlose Kinder, die sich während des Unterrichts mit Gebärden verständigten, wurden bestraft. In vielen Schulen war es zum Teil sogar gang und gäbe, den gehörlosen Schülerinnen und Schülern die Hände hinter dem Rücken festzubinden. Auf diese Weise sollte sichergestellt werden, dass sie sich nicht gebärdensprachlich mitteilen. Sie wurden gezwungen, die Lautsprache zu erlernen und von den Lippen zu lesen. Nicht zuletzt aus diesem Grund gilt William Stokoe als Befreier und Revolutionär der Gehörlosen.

"Die Revolution ist erst abgeschlossen,
wenn jeder Lehrer, der gehörlose Kinder unterrichtet,
deren Gebärden versteht."

William C. Stokoe

DIE GEBURTSSTUNDE DER DEUTSCHEN GEBÄRDENSPRACHE

Jahre später folgte auch Deutschland dem Ruf zur Erforschung von unterstützender Kommunikation – der Gebärdensprache. Der deutsche Professor für Linguistik, Siegmund Prillwitz, widmete sich seit dem Jahr 1975 ausschließlich der Forschung der deutschen Gebärdensprache (DGS), denn er sah sie als einen wichtigen Bestandteil der Gehörlosenkommunikation an und zog Vergleiche zur bis dahin bereits weit erforschten amerikanischen Gebärdensprache (ASL).

An der Hamburger Universität schloss er sich 1983 mit den drei gehörlosen Forschern Heiko Zienert, Alexander von Meyenn und Wolfgang Schmidt zu einem Forschungsteam zusammen, um gemeinsam die wissenschaftlichen, grammatischen und strukturellen Aspekte der Sprache zu untersuchen. 1985 wurde während des ersten deutschen Gebärdensprachkongresses, welcher in Hamburg abgehalten wurde, erstmals über die Thematik der Gebärdensprache und deren Erforschung diskutiert, was allgemein mittlerweile auch als Geburtsstunde der deutschen

Gebärdensprache gilt. 1987 gründete Prillewitz daraufhin das Zentrum für Deutsche Gebärdensprache und Kommunikation Gehörloser an der Universität zu Hamburg. Dies legte den Grundstein dafür, die Gebärdensprache als eine vollwertige Sprache zu bewerten und anzuerkennen.

1988 erfolgte schließlich der Durchbruch – das Europäische Parlament hat in seiner Sitzung den einstimmigen Beschluss zur Anerkennung der deutschen Gebärdensprache gefasst. Dies führte zu einem der entschiedensten Wendepunkte in der Geschichte der Gehörlosenpädagogik, seit dem Entscheid des Mailänder Kongresses.

1993 ist das von Siegmund Prillewitz ins Leben gerufene Zentrum zu einem eigenständigen Institut am Fachbereich für Sprachwissenschaften geworden, wo er sich als Leiter bis ins Jahr 2005 für die Rechte der Gehörlosen und die Förderung der Gebärdensprache einsetzte.

GESETZLICHE ANERKENNUNG DER GEBÄRDENSPRACHE IN DER BUNDESREPUBLIK DEUTSCHLAND

Vier Jahre – nämlich bis zum 1. Mai 2002 – dauerte es, bis die Gebärdensprache durch das Inkrafttreten des Behindertengleichstellungsgesetzes in Deutschland gesetzlich anerkannt wurde. Ein Tag zum Feiern!

Von nun an gilt die Gebärdensprache in der gesamten Nation als vollwertige und anerkannte Sprache und verleiht den Gehörlosen die bis dahin so sehr gefehlte Wertschätzung und Gleichstellung. Es wurde eingesehen, dass die Unterdrückung der Gebärdensprache in gravierenden negativen Folgen für die Gehörlosen mündete. Doch damit noch nicht genug: Auf der internationalen Konferenz zur Erziehung und Bildung Gehörloser in Vancouver (Kanada) wurde sich offiziell für den Beschluss des Mailänder Kongresses von 1880 entschuldigt.

Sprach- und Kulturgemeinschaft

Die kulturelle Gemeinschaft der Hörenden und Gehörlosen kann umgangssprachlich in zwei unterschiedliche Welten unterteilt werden. Dies bedeutet nicht, dass beide Seiten keinerlei Berührungspunkte miteinander haben und es untereinander zu keinerlei Austausch käme.

Dennoch sind Gehörlose und auch Hörende oftmals unter ihresgleichen anzutreffen. Dies begründet sich jedoch mitunter darin, dass nicht jeder Hörende die Sprache der Gehörlosen spricht und umgekehrt. Aus diesem Grund sind besonders die gehörlosen Personen sehr stark in ihrer eigenen kulturellen Gemeinschaft eingebunden.

Die Kultur Gehörloser unterscheidet sich in einigen Punkten wesentlich von jener der Hörenden. Sie verständigen sich nicht nur mittels einer vollkommen anderen Sprache, sondern haben dadurch auch eine existentiell andere Wahrnehmung sowie Expression. So existieren zum Beispiel in der Kultur der Gehörlosen sogenannte Gehörlosentheater oder sogar eine eigene Form der Poesie.

Im Grunde sind gehörlose Menschen von Beginn an Teil der Gehörlosenkultur beziehungsweise -gemeinschaft. Zu dieser Gesellschaft zählen jedoch nicht ausschließlich Betroffene selbst, sondern auch ihre hörenden Angehörigen, Freunde oder sogar Lehrer.

In einer Welt, in der Gehörlose zur sogenannten Minderheitengruppe gehören, ist es sehr schwer, Anschluss außerhalb der eigenen Gemeinschaft zu finden. Dies kann für die Betroffenen oft zu Unsicherheiten und dem Gefühl der Ausgrenzung führen. Aus diesem Grund ist die Dichte der Kontakte, die Gehörlose untereinander besitzen, sehr hoch. Gemeinsame Orte der Begegnung bieten zusätzlich Schutz und fördern die Solidarität. Es ist doch aber nichts anderes, als in allen anderen Teilbereichen auf der gesamten Welt auch und folgt lediglich den natürlichen Reizen – jeder Mensch umgibt sich gern und überwiegend mit Personen seinesgleichen. Menschen, die das gleiche Schicksal teilen, dieselben Interessen haben oder im Allgemeinen gleiche oder ähnliche Dinge miteinander verbinden.

So ist es nichts Außergewöhnliches, dass auch Gehörlose unter sich eine eigene Kultur entwickelt haben. Sportclubs oder Vereine unterschiedlicher Aktivitätsmöglichkeiten bilden, wie in anderen Kulturkreisen auch, das Tor zur Gemeinsamkeit, ermöglichen den Austausch untereinander und fördern den gesellschaftlichen Anschluss.

Dank der heutigen modernen Technik in Verbindung mit Social Media ist es nun auch Gehörlosen möglich, sich länderübergreifend miteinander zu vernetzen, weltweit Kontakte zu knüpfen und sich auszutauschen. Daraus ist mittlerweile auch eines der größten Merkmale der Gehörlosenkultur gewachsen, nämlich der Zusammenhalt untereinander.

Dieser ist jedoch auch zwingend notwendig, denn leider werden auch zur heutigen Zeit Gehörlose noch immer verachtet oder bewusst von anderen Personengruppen gemieden. Es handelt sich in den Augen vieler um Randgruppen, deren Werte sowie Kultur von Außenstehenden nicht verstanden werden – aber auch oftmals nicht verstanden werden wollen.

Die erste Begegnungsstätte für gehörlose Menschen beziehungsweise Kinder ist die Gehörlosenschule. Dort werden sie nicht nur auf das Leben vorbereitet, sondern vertiefen auch ihre allgemeinen Sprachkenntnisse, sowohl in der Schrift- als auch in der Gebärdensprache. Selbstbewusstsein und das erforderliche Zugehörigkeitsgefühl werden gestärkt und der Weg zur ersten gemeinschaftlichen Verbindung wird geebnet.

Zusammenfassend lässt sich festhalten, dass sich die Gehörlosenkultur aus verschiedenen Teilbereichen zusammensetzt. Die fundamentalen Bestandteile sind:

1. die gemeinsam gesprochene Sprache
2. ein Ort der Begegnung, Vereine, Interessensgemeinschaften
3. gemeinsame Schulzeit
4. soziale Medien und sozialer Kontakt

Dinge, die Sie über die Gebärdensprache wissen sollten

Sie haben bis jetzt einige wichtige Bestandteile und Informationen über die Gebärdensprache erhalten. Nachfolgend erhalten Sie eine interessante Zusammenfassung sowie wissenswerte Fakten über die seit 2002 anerkannte Sprachform.

Wie viele Menschen nutzen die Deutsche Gebärdensprache?

Etwa 0,1 % der deutschen Gesamtbevölkerung sind gehörlos – dies entspricht ungefähr 83.000 Menschen. Die Deutsche Gebärdensprache (DGS) wird von etwa 300.000 gehörlosen sowie hörenden Menschen verwendet und ihr Nutzerkreis wird stetig größer.

Weltweit sind es übrigens rund 70 Millionen Menschen, die gehörlos oder hörgeschädigt sind.

Wer nutzt die Gebärdensprache?

In der Regel wird die Gebärdensprache von gehörlosen oder stark hörgeschädigten Personen verwendet. Dazu können jedoch auch taubblinde Personen sowie in der Entwicklung verzögerte Kinder oder Menschen zählen, die ein starkes Defizit in der kommunikativen Ausdrucksweise haben.

Nicht alle Menschen, die gehörlos sind, verständigen sich mittels Gebärdensprache, da nicht jeder sie gelernt hat – es sind jedoch auch nicht alle Menschen gehörlos, die die Gebärdensprache anwenden. Besonders Angehörige, Eltern oder Dolmetscher beherrschen diese Sprache gleichermaßen.

Ist die Gebärdensprache in ganz Europa anerkannt?
Leider noch nicht. Innerhalb der 27 EU-Mitgliedsstaaten werden etwa 30 unterschiedliche Gebärdensprachen verwendet. Das liegt daran, dass einige Länder mehrere Formen der Gebärdensprache nutzen. Da die Rechtssysteme innerhalb der EU teilweise sehr unterschiedlich sind, ist die Gebärdensprache zum aktuellen Zeitpunkt auch noch nicht überall gesetzlich anerkannt.

Die Länder Bulgarien, Malta und Luxemburg haben sich zum Beispiel noch nicht für die rechtliche Anerkennung entschieden.

Wie erhalte ich von gehörlosen Menschen die Aufmerksamkeit?
Da dieser Personenkreis sein Gegenüber nicht akustisch wahrnehmen kann, wäre es zwecklos, zur Begrüßung seinen Namen zu rufen oder zu versuchen, mit anderen akustischen Signalen die Aufmerksamkeit zu erlangen. Die Person kann Sie nicht hören, auch dann nicht, wenn Sie sich ihm nähern.

Dem Gehörlosen kann dagegen ganz einfach leicht auf die Schulter oder den Arm getippt werden, damit er weiß, dass Sie sich mit ihm unterhalten möchten.

Achtung: Bitte berühren Sie die Person nicht von hinten, das kann sie erschrecken.

In größeren Gruppen ist es geläufig, das Licht an und aus zu schalten, um die Aufmerksamkeit der gehörlosen Gesprächspartner auf sich zu lenken. Weitere übliche Alternativen sind:

- auf den Tisch klopfen
- zuwinken
- mit dem Fuß auf den Boden stampfen

Der Geleichgewichtssinn von Gehörlosen ist anders

Das Gleichgewichtsorgan sitzt im Innenohr. Bei gehörlosen Menschen wird eine Einschränkung dieses Sinnes durch ein anderes Sinnesorgan ausgeglichen – nämlich durch die Augen.

Werden einem Gehörlosen und einem Hörenden die Augen verbunden, so kann beobachtet werden, dass der Gehörlose geradeaus läuft, wohingegen der Hörende bereits nach wenigen Schritten nach links oder rechts ausschwenken wird.

Was sind die Sprachwerkzeuge der Gehörlosen?

Der Kopf, die Hände, die Körperhaltung und die Mimik sind die hauptsächlichen Kommunikationsmittel.

Wie ist die Gebärdensprache entstanden?

Bei der Gebärdensprache handelt es sich, wie bei allen anderen Sprachen auch, um eine natürlich entstandene Sprachform. Sie ist vor hunderten von Jahren entstanden und hat sich seither stetig weiterentwickelt.

Wo kann die Deutsche Gebärdensprache gelernt werden?

Viele Volkshochschulen bieten mittlerweile Kurse zum Erlernen der komplexen und visuell ausgeprägten Sprache an.

Können alle gehörlosen Menschen Lippen lesen?

Das Lippenlesen ist keine einfache Fähigkeit. Viele gehörlose Menschen haben eine gute Wahrnehmung, dennoch sind bloß rund 30 % des gesprochenen Wortes tatsächlich von den Lippen ablesbar. Das liegt daran, dass viele Wörter eine ähnliche Mundform haben und dadurch für die Gehörlosen ein gleiches Mundbild aufweisen.

Missverständnisse sowie ein großer Spielraum für Interpretationen und Ratereien sind die Folge und sorgen dafür, dass Lippenlesen keine geeignete Form der Kommunikation darstellt. Zusätzlich dazu ist es für Gehörlose sehr anstrengend und mühsam, die gesamte Zeit auf den Mund und die Mimik seines hörenden Gegenübers zu achten.

Kann in die Gebärdensprache 1:1 übersetzt werden?

Nein. Die Gebärdensprache ist keine reine Übersetzung aus der Lautsprache, sondern eine eigene Sprache mit eigenem Satzbau, sie unterliegt daher eigenen Regeln. Die Grammatik der Gebärdensprache folgt dem SOP-Prinzip – Subjekt, Objekt, Prädikat.

Können Gehörlose Musik hören?

Musik gehört auch bei den Gehörlosen zum Teil mit zum Alltag, obwohl die jeweiligen Töne und Melodien nicht gehört werden können, ist die Wahrnehmung der Vibrationen von Bässen möglich. Sie spüren den Rhythmus und den Takt und können aus diesem Grund auch zur Musik tanzen.

Es gibt allerdings nicht ausschließlich die fühlbare Musik für Gehörlose, sondern auch das Singen in Gebärden.

Kann mit der Gebärdensprache alles ausgedrückt werden?

Ja. Gebärdensprache ist keine Pantomime, die sich lediglich auf ein bestimmtes Wort versteift und den Rest der Interpretation des Gegenübers überlässt. Sie ist eine vollentwickelte Sprache, die über eine eigene und vollständige Grammatik mit eigenem Vokabular verfügt.

Können Gehörlose lesen?

Ja und nein. Die Schriftsprache steht in unmittelbarem Zusammenhang mit der Lautsprache, weshalb es für Gehörlose Menschen sehr schwierig ist, einen Zusammenhang dazu zu knüpfen.

Es handelt sich für die Gehörlosen daher um eine völlig neue

Sprachform, die mit einer Fremdsprache gleichzusetzen ist und auf einem zum Teil sehr mühsamen Weg erlernt werden muss. Die Grammatik der Gebärdensprache ist schließlich eine vollkommen andere. Gleiches gilt in diesem Zusammenhang auch für die Fähigkeit des Schreibens. Beides wird aber mittlerweile von der Mehrheit der Gehörlosen beherrscht und bereits in der Schule unterrichtet.

Müssen Namen immer buchstabiert werden?

Nein. Mithilfe des Fingeralphabets wird der Name einer Person buchstabiert, im unmittelbaren Anschluss daran wird in der Regel aber auch direkt eine Namensgebärde angefügt. Jeder Mensch erhält auf diese Weise einen eigenen Gebärdennamen.

Besonders in der Politik und der Welt der Prominenten gibt es international geläufige Gebärden, die keiner weiteren Erklärung und kein Buchstabieren bedürfen. Jeder Gehörlose vergibt sich somit in der Regel auch selbst einen bestimmen Eigennamen, der oftmals mit persönlichen Eigenschaften oder Hobbys verbunden ist.

Bei international gültigen Namen, wie zum Beispiel jenen von Politikern, reduziert sich die Namensgebung überwiegend an den äußeren Merkmalen beziehungsweise dem optischen Erscheinungsbild.

Können Gehörlose fluchen?

Ja. Auch in der Gebärdensprache gibt es sogenannte Fluch- oder Schimpfwörter, denn das geht auch ohne große Worte – dafür aber mit aussagekräftigen Gesten.

Warum bewegen Gehörlose ihren Mund beim Gebärden?

Das Mundbild ist ein Teilbereich der Gebärdensprache und wird besonders in der Deutschen Gebärdensprache (DGS) mehrheitlich umgesetzt. Das Mundbild ist hier eine unterstützende Form, um Verwirrungen zu vermeiden, denn eine Gebärde kann gut und gern mehrere Bedeutungen haben. Aus diesem Grund werden die Mundbewegungen häufig sehr deutlich ausgeführt, um das Ablesen und Interpretieren für den Gegenüber zu erleichtern.

Können Gehörlose mit Cochlea Implantaten wieder hören?

Bei Cochlea Implantaten (CI) handelt es sich um Elektroden, die operativ ein- oder beidseitig eingesetzt werden und außen am Kopf durch Magnete mit Sender und Empfänger verbunden sind. Besonders für Spätertaubte eignet sich diese Alternative gut, da damit ein Teil der gewohnten Geräusche übertragen wird.

Frühertaubte hingegen können oftmals nur einen Teil der Geräusche wahrnehmen und erkennen, da das erforderliche Sprachverständnis fehlt oder nicht ausreichend vorhanden ist.

Was müssen Hörende im Umgang mit Gehörlosen beachten?

- Schauen Sie Gehörlose beim Sprechen an und halten Sie diesen Blickkontakt aufrecht
- Geben Sie zu Beginn und bei jedem Themenwechsel das jeweilige Gesprächsthema an
- Verwenden Sie eine deutliche Mimik und Gestik
- Sprechen Sie nach Möglichkeit langsam, deutlich und hochdeutsch
- Sprechen Sie nicht lauter als gewohnt, da dies Ihr Sprachbild (Gesichtsausdruck, Mimik) verändert
- Sorgen Sie für die Aufmerksamkeit des Gehörlosen
- Verwenden Sie, wenn möglich, Gebärdensprache
- Verwenden Sie kurze Sätze und vermeiden Sie Fremdwörter

- Sorgen Sie für ausreichend Licht, damit Sie gut wahrgenommen werden können – Gegenlicht vermeiden
- Ein optimaler Abstand zum direkten Gesprächspartner sind etwa 100 cm, da aus diesem Blickwinkel alle wichtigen Kommunikationsmerkmale fokussiert werden können
- Kündigen Sie Fragen an und stellen Sie anschließend die dazugehörige W-Frage
- Schreiben Sie wichtige Informationen, wie Daten, Uhrzeiten, Adressen oder Namen, auf
- Versuchen Sie, eine verstärkte Mimik und Gestik zu verwenden, und setzen Sie Ihre Körpersprache mit ein. Unterstützen Sie Ihren Gesprächsinhalt mit natürlichen Gesten
- Vergewissern Sie sich im Verlauf des Gespräches immer wieder, ob Ihr Gegenüber alles korrekt verstanden hat
- Binden Sie einen Gebärdendolmetscher in das Gespräch mit ein, wenn Sie selbst keine Gebärdensprache sprechen

Bräuche, Rituale und Traditionen

So, wie sich viele Dinge als selbstverständliche Gesten oder Handlungen in unseren Alltag eingeschlichen haben, folgen auch Gehörlose bestimmten Ritualen und Traditionen.

Gehörlose klopfen vor dem Essen beispielsweise zwei Mal mit den Fingerknöcheln oder der gesamten Faust auf den Tisch und signalisieren auf diese Weise ihren Mitmenschen einen guten Appetit. Sie klatschen beim Applaudieren auch keinen Beifall, sondern heben die Arme und wedeln mit ihren Händen. Begrüßungen oder Verabschiedungen werden innerhalb der Gehörlosengemeinschaft sehr körperbetont durchgeführt – Umarmungen sind die Regel.

Das Zeigen mit dem Zeigefinger auf Gegenstände oder Menschen ist in der Welt der Gehörlosen eine Selbstverständlichkeit, ebenso der verstärkt ausgeübte körperliche Kontakt.

Dürfen gehörlose Menschen am Straßenverkehr teilnehmen?
Selbstverständlich dürfen sie das. Die Tatsache, gehörlos zu sein, hindert in der heutigen Zeit niemanden mehr daran, am Straßenverkehr teilzunehmen, denn alle Menschen sollen die gleichen Rechte haben - auch behinderte Menschen!

Ob auf dem Fahrrad, dem Roller oder auch im Auto. Das taube Menschen kein Auto fahren dürfen, ist ein weitverbreiteter Irrglaube - die Augen sind beim Führen eines Kraftfahrzeuges viel wichtiger als das Gehör. Aus diesem Grund ist es Menschen mit einer eingeschränkten Hörfähigkeit oder gar Gehörlosigkeit auch möglich, einen Führerschein zu machen. Hierzu ist eine medizinische Unbedenklichkeitsbescheinigung vom Arzt erforderlich, der mit diesem Gutachten bescheinigt, dass keine weiteren Einschränkungen bestehen, die die Teilnahme am Straßenverkehr hindern würden.

Wenn ein gehörloser oder stark hörgeschädigter Mensch zusätzlich allerdings auch noch Schwierigkeiten mit dem Gleichgewichtssinn hat, ist es ihm nicht erlaubt, einen Führerschein zu machen.

Besonderheit: Jeder hörbehinderte Mensch trägt einen Schwerbehindertenausweis mit sich. In diesem ist das Merkzeichen „Gl“ für gehörlos eingetragen. Personen, die ihr eigenes Resthörvermögen mit einem Hörgerät ausgleichen, haben in ihrem Ausweis das Merkzeichen „02“ vermerkt. Aus diesem Grund ist es nicht erforderlich, dass besondere Informationen diesbezüglich im Führerschein aufgelistet sind.

Visuelle Wahrnehmung von Gehörlosen

Ein gehörloser Mensch kann sich auf eines ganz besonders verlassen – auf seine Augen! Jede noch so kleine Bewegung wird wahrgenommen. Doch nicht nur das! Auch die übrigen Sinnesorgane sind in der Regel stärker ausgeprägt als bei hörenden Menschen.

Das liegt daran, dass das Gehirn die Areale, die eigentlich für das Hören zuständig wären, nicht einfach bloß brachliegen lässt – sie werden genutzt, um die anderen Sinne zu verstärken. Der Geschmacks-, Tast-, Geruchs- sowie der Sehsinn sind sehr stark ausgebildet. Oft liegt dies aber auch an der Tatsache, dass das die Sinne sind, auf die sich Gehörlose verlassen können und die dadurch schon allein aus Gewohnheit besser trainiert werden.

Gehörlose bemerken Kleinigkeiten, die kaum einem hörenden Menschen auffallen würden. Jede noch so kleine Vibration und jeder Windhauch werden verstärkt wahrgenommen.

Welche Schulform gibt es für gehörlose Kinder und Jugendliche?

In Deutschland gibt es zum aktuellen Zeitpunkt etwa 60 Förderschulen, auf denen hörgeschädigte oder gehörlose Kinder und Jugendliche mithilfe der Gebärdensprache unterrichtet werden. Darüber hinaus besteht die Möglichkeit, eine normale Regelschule zu besuchen, sofern dem Kind ein Gebärdendolmetscher mit pädagogischer Begleitung zur Verfügung gestellt wird.

Förderschulen bieten die gleichen Inhalte und Abschlüsse wie Regelschulen an. Abhängig von der jeweiligen Schule kann hier ein Hauptschulabschluss bis hin zum Abitur erreicht werden. Der Hauptschulabschluss ist für hörgeschädigte Jugendliche an allen Schulen möglich, der Realschulabschluss nur an wenigen und das Abitur sogar nur an insgesamt 4 Schulen deutschlandweit.

Was interessiert einen gehörlosen Menschen bei der ersten Begegnung?

Bei fast jeder neuen Bekanntschaft interessiert es den Gehörlosen brennend, in welcher Beziehung sein Gegenüber zur Gebärdensprachgemeinschaft steht.

Auch die folgenden Punkte werden von Gehörlosen bei der ersten Begegnung beziehungsweise während des ersten richtigen Gespräches abgefragt:

- Name
- Gebärdenname
- Hörstatus
- Wo wird die Gebärdensprache gelernt?
- Warum wird die Gebärdensprache gelernt?
- Wer lehrt die Gebärdensprache?

Internationaler Tag der Gebärdensprache

Jeweils am letzten Sonntag im September eines jeden Jahres findet der sogenannte Aktionstag statt – hierbei handelt es sich um den internationalen Tag der Gebärdensprache.

Im Jahr 1951 wurde dieser besondere Tag vom Weltverband der Gehörlosen (Wold federation oft the deaf – kurz: WFD) ins Leben gerufen und er wird seit 1970 auch in Deutschland gefeiert. Besonders an diesem Tag soll auf die noch immer vorherrschende Minderheit und deren Schwierigkeiten innerhalb der Gesellschaft aufmerksam gemacht werden.

Berühmte Persönlichkeiten

Der wohl bedeutendste und bekannteste Hörgeschädigte der Geschichte war Ludwig van Beethoven. Er war jedoch nicht schon immer taub, sondern zählt zu der Gruppe der sogenannten Spätertaubten.

Durch sein unumstrittenes Talent und das Verständnis für die theoretische Musik war es ihm möglich, auch mit seiner stetig weiter fortschreitenden Hörschädigung weiterhin Musikgeschichte zu schreiben.

Thomas Edison, der Erfinder der Glühbirne, war seinerzeit zwar nicht vollständig ertaubt, aber sehr stark eingeschränkt in seinem Hörvermögen.

Der 40. Präsident der Vereinigten Staaten von Amerika, Ronald Reagan, litt an einer starken Hörschwäche, die das Tragen von Hörgeräten erforderlich machte. Durch ihn fand ein Wandel der Achtung und Akzeptanz von gehörlosen und hörgeschädigten Menschen statt – schließlich trug der damals mächtigste Mann der Welt ebenfalls Hörhilfen. Diese Tatsache schwächte das sehr weit verbreitete Hörgeräte-Stigma ab und bekräftigte auch andere Betroffene, zu ihren Schwächen zu stehen.

Filme, in denen Gehörlosigkeit eine Rolle spielt

"Seeing Voices“ (2016) handelt von 4 gehörlosen Personen, die unterschiedlicher nicht sein könnten – eine Politikerin, ein Fitnesstrainer, ein Jugendlicher sowie ein Kleinkind. Der Film führt ein faszinierendes und für viele Menschen bisher unbekanntes Paralleluniversum ans Licht und zeigt die Macht und Magie der Gebärdensprache auf.

"Die Glücksjäger“ (1989) ist eine US-amerikanische Komödie, in der der Taube Dave und der Blinde Wally des Mordes beschuldigt werden – obwohl sie weder etwas gehört noch etwas davon gesehen haben.

"Verstehen Sie die Béliers“ (2015) befasst sich mit dem Thema der Vermittlung zwischen der Welt der Hörenden und jener der Gehörlosen. In dieser Familie sind alle taub – bis auf Paula.

In "Gottes vergessene Kinder“ (1986) tritt ein ambitionierter, junger

Lehrer eine Stelle an einer Schule für hörgeschädigte Jugendliche an und kann mit seinen unkonventionellen Methoden große Erfolge erzielen. Er verliebt sich in eine ehemalige, taube Schülerin, die aufgrund ihrer „Behinderung" in Isolation lebt und sich von allem zurückzieht.

Der Gebärdensprach-dolmetscher

Zur Überwindung der sprachlichen Barrieren ist die Funktion des Dolmetschers entscheidend. Gehörlose bewegen sich in sämtlichen Lebensbereichen als Minderheit in einer Gesellschaft, die überwiegend aus hörenden Personen besteht.

In unzähligen alltäglichen Situationen müssen sich hörgeschädigte Personen mit hörenden Menschen versuchen, zu verständigen. Es ist egal, ob sie sich einer ärztlichen Behandlung unterziehen, einen Beratungstermin bei einer Behörde wahrnehmen, eine Zeugenaussage vor Gericht tätigen, sich weiterbilden, ihren Beruf ausüben oder an kulturellen Veranstaltungen teilnehmen möchten – sie stoßen auf unumgängliche Sprachbarrieren.

Die gesprochene Sprache kann nicht oder nur sehr schwer wahrgenommen werden und auf der anderen Seite verfügt die Mehrheit der Hörenden nicht über die Kenntnisse der Gebärdensprache. Auch die Schriftsprache bildet für einen spontanen oder aus der Not geborenen Austausch keinen gleichrangigen Ersatz.

Vielen Hörgeschädigten kann die Teilhabe am gesellschaftlichen Leben nur dann ermöglicht werden, wenn eine Mittelsperson zum Einsatz kommt – hier kommt der Gebärdensprachdolmetscher ins Spiel. Dieser übersetzt simultan die Lautsprache in die Gebärdensprache und umgekehrt und bezieht sich dabei nicht nur auf die wesentlichen Punkte, sondern übersetzt den gesamten Sachverhalt – ohne Einschränkungen. Dabei übernehmen Gebärdensprachdolmetscher einzig die Aufgabe der Übersetzung, nicht aber der Beratung. Sie werden somit überall dort tätig, wo eine reibungslose Kommunikation erforderlich ist. Der Thematik oder dem Wirkungskreis sind dabei keinerlei Grenzen gesetzt.

Der Part eines Gebärdensprachdolmetschers darf auf keinen Fall als eine am Gespräch beteiligte Person angesehen werden. Er ist lediglich für die Vermittlung der Kommunikation zwischen Hörenden und Hörgeschädigten zuständig und hat sich dadurch stets objektiv zu verhalten.

SEIT WANN GIBT ES GEBÄRDENSPRACHDOLMETSCHER?

Das Dolmetschen der Gebärdensprache begann sich erst in den späten 80er Jahren zu etablieren. Davor waren gehörlose oder schwerhörige Menschen auf die Hilfe von Angehörigen oder Freunden angewiesen – dabei handelte es sich um die sogenannten natürlichen Dolmetscher.

In den frühen 90er Jahren erlebte die Gehörlosensprache einen entscheidenden Aufschwung sowie einen Emanzipationscharakter mit sehr viel Umschwung und neuer Hoffnung. Forschungen bewiesen zu diesem Zeitpunkt bereits, dass es sich bei der Gebärdensprache um eine vollwertige und eigenständige Sprache handelte – gesetzlich anerkannt war sie zuweilen jedoch noch nicht.

Doch im Jahr 2002 ist schließlich zusammen mit dem Inkrafttreten des Behindertengleichstellungsgesetzes (BGG) sowie der Kommunikationshilfenverordnung (KHV) der Anspruch auf Gebärdensprachdolmetscher für gehörlose oder hörgeschädigte Menschen gesetzlich geregelt worden.

Kostenübernahme

Wer übernimmt was? Sind die Kosten für einen notwendigen Gebärdensprachdolmetscher von den Gehörlosen selbst zu tragen? In welchen Fällen werden die Kosten übernommen und von wem?

Die Kosten für einen Gebärdensprachdolmetscher werden in der Regel von dem Sozialleistungsträger übernommen, der für die jeweilige

Leistung zuständig ist. Voraussetzung hierbei ist immer, dass die sozialen Rechte eines Gehörlosen oder Hörgeschädigten ohne Gebärdensprachdolmetscher nicht oder nicht vollständig wahrgenommen werden können.

Handelt es sich um gesundheitliche Belange, wie zum Beispiel einen Arzt- oder Zahnarztbesuch, einen stationären Krankenhausaufenthalt, Gespräche beim Psychotherapeuten oder auch die Inanspruchnahme von Heil- oder Hilfsmitteln, hat die **Krankenversicherung** die Kosten für den Gebärdensprachdolmetscher zu übernehmen. Gleiches gilt für die notwendige Korrespondenz mit dem Leistungserbringer selbst.

Arbeitnehmer, die einer sozialversicherungspflichtigen Beschäftigung nachgehen, haben während der Ausübung ihrer Tätigkeit ebenfalls Anspruch auf einen Gebärdensprachdolmetscher, der in diesem Zusammenhang über das zuständige **Integrationsamt** gezahlt wird. Wichtig hierbei ist, dass der jeweilige Arbeitgeber zuvor einen Antrag auf Bezuschussung beziehungsweise Kostenübernahme stellt.

In Zusammenhang mit einer Arbeitsplatzsuche, Vorstellungsgesprächen oder Ähnlichem können die Kostenträger die **Agentur für Arbeit**, das **Jobcenter** oder der **Rentenversicherungsträger** sein. Hierbei kommt es darauf an, welcher Träger die Maßnahme zur beruflichen Eingliederung fördert. Eine vorherige Kostenklärung ist in jedem Fall erforderlich.

Die nachfolgend aufgelistete Übersicht soll Ihnen die einzelnen Leistungen sowie die dafür zuständigen Kostenträger verdeutlichen, auf die ein rechtlicher Anspruch besteht. In den folgenden Bereichen können die Kosten für einen Dolmetscher von staatlichen Stellen übernommen werden:

- Gesundheitswesen
- Rechtswesen

- Öffentliche Verwaltung
- Bildungswesen
- Arbeitswesen

Welcher Kostenträger im Einzelnen für eine bestimmte Leistung zuständig ist, kommt auf die jeweilige Situation an.

Kostenträger:	**Leistung/Ort:**
Krankenversicherung	Vertragsärztliche- und zahnärztliche Leistungen Stationäre Krankenhausbehandlungen Therapien Heil- und Hilfsmittel
Sozialamt	Schule Studium
Träger der Einrichtung	Elternabende in Schule/Kindergarten
Integrationsamt	Arbeitsplatz – Ausübung des Berufes Fort- und Weiterbildung ab 4 Tagen
Rentenversicherung	Beratung oder Auskunft sämtlicher Belange der Rente Kuranträge Kontenklärung Wiedereingliederung
Arbeitsagentur/Jobcenter	Bewerbungsgespräche Probearbeit/Praktikum

Die Übernahme eines Gebärdensprachdolmetschers erfolgt allerdings nur dann, wenn die allgemeinen und sozialen Rechte zur Teilhabe an der Gesellschaft gewahrt werden müssen.

Der Rechtsanspruch besteht folglich nicht bei privaten

Veranstaltungen oder Tätigkeiten – hier sind die Kosten für eine erforderliche Dolmetschertätigkeit selbst aufzubringen und zu übernehmen. Eheschließungen oder Scheidungen zählen beispielsweise mit zum privaten Sektor und bedürfen daher keiner Kostenübernahme durch einen Sozialleistungsträger. Bei gerichtlichen Verfahren kommt es auf den Zusammenhang an. Die Kosten für das Hinzuziehen eines Rechtsbeistandes müssen in aller Regel selbst übernommen werden, es sei denn, sie können über die Möglichkeit der Prozesskostenbeihilfe gedeckelt werden.

Bereiche, in denen kein Rechtsanspruch auf einen Gebärdensprachdolmetscher besteht:

- Kunst und Kultur
- Religion
- Politik
- Sport und Freizeit
- Verstoß, Meldungen

Wenn man sich nun überlegt, in welchen alltäglichen Bereichen ein Gebärdendolmetscher grundsätzlich vonnöten wäre und in welchen Situationen die Kostenübernahme tatsächlich erfolgt, wird schnell klar, dass Gehörlose weiterhin stark eingeschränkt bleiben und nach wie vor auf Hilfe von außen angewiesen sind.

Ein Besuch in einem Einkaufszentrum ist für Hörende selbstverständlich, Gehörlose oder Hörgeschädigte hingegen haben keine Möglichkeit, dem Kassierer an der Kasse Fragen zu stellen oder Wünsche zu äußern.

Selbst der simple Prozess einer Reklamation wird für gehörlose Personen oftmals schon zum unüberwindbaren Hindernis.

Was kostet ein Gebärdensprachdolmetscher?

Als Grundlage für die Kostenregelung wird der Kostenrahmen des Justizvergütungs- und Entschädigungsgesetzes (JVEG) herangezogen.

1 Stunde = 75 Euro

Jede angefangene ½ Stunde = 37,50 Euro

1 Stunde Fahrzeit = 55 Euro

Hinzu kommen je gefahrenem Kilometer noch 0,30 Euro Fahrkostenpauschale.

Gebärdensprache anwenden

DAS FINGERALPHABET

Das Fingeralphabet ist eines der wichtigsten Bestandteile der Gebärdensprache. Wer die Sprache der Gehörlosen lernen und anwenden möchte, darf auf das Alphabet auf keinen Fall verzichten.

Es gibt Handzeichen für jeden Buchstaben, sogar für die Umlaute und die häufigen Buchstabenkombinationen, wie SCH. Falls Ihnen eine bestimmte Gebärde nicht einfällt oder Sie Ihren Namen gebärden möchten, greifen Sie zuallererst auf das Fingeralphabet zurück. Dies ist aufgrund der Flexibilität eine ideale Ergänzung zur klassischen Gebärdensprache und ermöglicht eine einfache, aber effektive Variante zur barrierefreien Kommunikation.

Wie Sie bereits wissen, handelt es sich beim Fingeralphabet lediglich um bestimmte Handzeichen beziehungsweise Fingerstellungen, die jeweils einen Buchstaben des Alphabetes darstellen und ikonisch nachbilden.

Erklärung der einzelnen Hand- und Fingerstellungen:

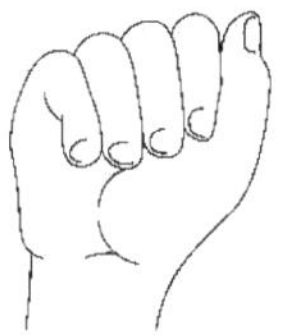

A: Geschlossene Faust mit dem Daumen sichtbar an der Seite angelegt.

B: Flache und geöffnete Hand mit den Fingern nach oben ausgerichtet und dem Daumen in der Handinnenfläche.

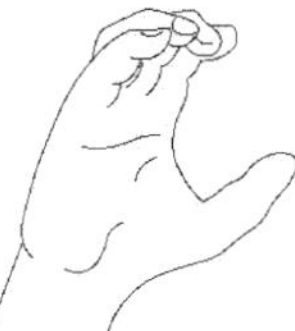

C: Bilden Sie mit Ihren Fingern einen geöffneten Halbkreis und formen Sie somit den Buchstaben „C" ikonisch nach.

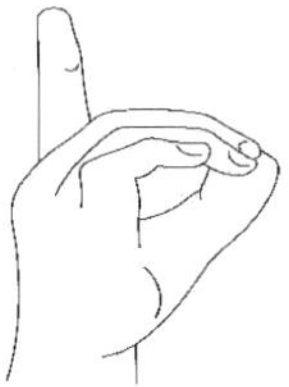

D: Mittel-, Ring- und kleiner Finger bilden zusammen mit dem Daumen einen Ring. Der Zeigefinger ist dabei senkrecht nach oben ausgestreckt.

E: Führen Sie Ihren Daumen zur Handinnenfläche – ohne ihn darin abzulegen – und legen Sie die restlichen Finger direkt darüber.

F: Zeigefinger und Daumen bilden einen Ring, die restlichen drei Finger sind ausgestreckt.

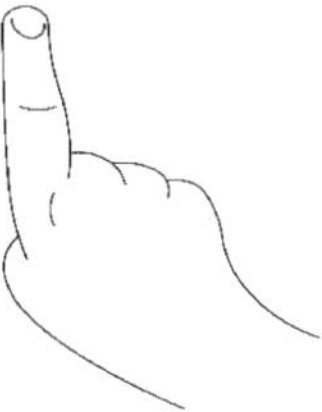

G: Die Hand ist zur Faust geballt und der Zeigefinger ist ausgestreckt. Der Handrücken ist dabei nach außen gerichtet und der Finger zeigt leicht zur Seite.

H: Die Hand ist zur Faust geballt, Zeige- und Mittelfinger zeigen parallel zur Seite. Der Handrücken ist dabei nach außen gerichtet.

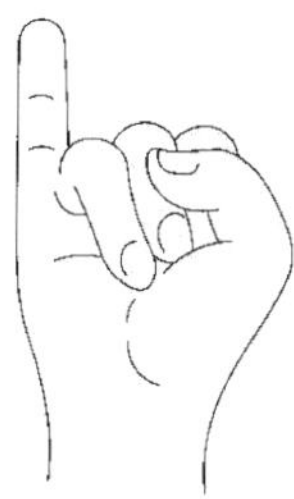

I: Umschließen Sie mit Ihrem Daumen den Zeige-, Mittel- sowie Ringfinger und strecken Sie den kleinen Finger senkrecht nach oben gerichtet aus. Die Hand zeigt dabei vom Körper weg.

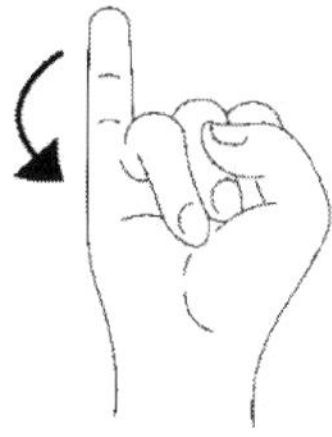

J: Hier kommt eine Besonderheit zum Tragen – die Ausführung dieser Gebärde bedarf einer zusätzlichen Handbewegung. Die Handform ist mit dem Buchstaben „I" identisch, die Ausführung erfolgt jedoch leicht angeschrägt mit einer Halbkreisbewegung in Ihre Richtung.

K: Zeige- und Mittelfinger sind nach oben gespreizt, der Daumen ist nach oben ausgestreckt und die restlichen Finger liegen in der Handinnenfläche auf.

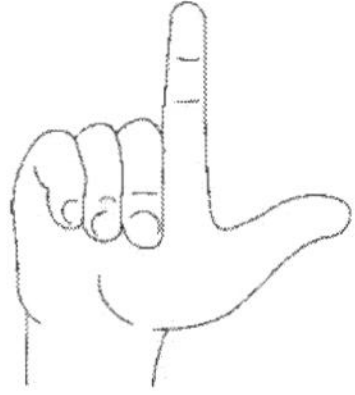

L: Mittel-, Ring- und kleiner Finger schließen die Handinnenfläche und mit dem Daumen und dem Zeigefinger wird der Buchstabe „L" ikonisch nachgebildet. Die Hand zeigt dabei vom Körper weg.

M: Die Hand ist gedreht – die Fingerspitzen zeigen nach unten. Nur Mittel-, Ring- und kleiner Finger sind ausgestreckt, Daumen und Zeigefinger sind gebeugt und dadurch nicht sichtbar.

N: Die Hand ist gedreht – die Fingerspitzen zeigen nach unten. Lediglich der Ring- und der kleine Finger sind ausgestreckt. Daumen, Zeige- und Mittelfinger sind gebeugt und dadurch nicht sichtbar.

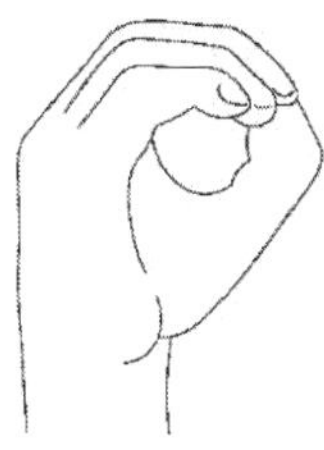

O: Mit allen Fingern wird ein geschlossener Ring – und somit ikonisch der Buchstabe „O" – nachgebildet, wobei sich alle Finger berühren.

P: Die Hand zeigt nach unten – der Zeigefinger ist nach vorn ausgestreckt. Der Mittelfinger ist nach unten ausgerichtet und berührt den Daumen. Die restlichen Finger liegen in der Handinnenfläche.

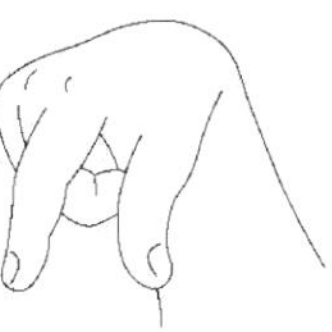

Q: Daumen und Zeigefinger sind halbkreisförmig nach unten gerichtet. Mittel-, Ring- und kleiner Finger sind gebeugt und dadurch nicht sichtbar.

R: Zeige- und Mittelfinger sind überkreuzt nach oben ausgerichtet, der Daumen legt sich sichtbar über den Ring- und den kleinen Finger in der Handinnenfläche.

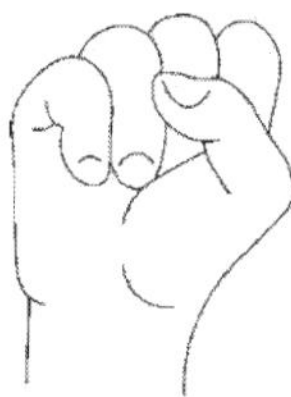

S: Die Hand wird zur Faust geballt, wobei der Zeigefinger leicht erhoben herausragt. Der Daumen legt sich von außen über die Finger.

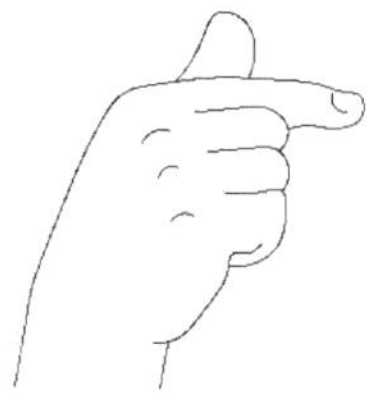

T: Der Daumen ist gestreckt, der Zeigefinger ist locker angewinkelt und zeigt nach außen. Mittel-, Ring- und kleiner Finger liegen dabei sichtbar in der Handinnenfläche

U: Zeige- und Mittelfinger sind senkrecht nach oben gestreckt und mit direktem Kontakt zueinander ausgerichtet, der Daumen legt sich dabei sichtbar über die restlichen in der Handinnenfläche liegenden Finger.

V: Zeige- und Mittelfinger sind senkrecht nach oben gestreckt und voneinander abgespreizt – sie formen ein „V“, der Daumen legt sich dabei sichtbar über die restlichen in der Handinnenfläche liegenden Finger.

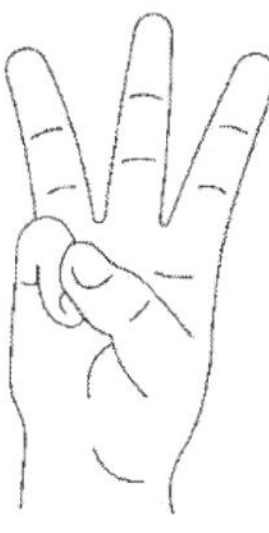

W: Der Daumen legt sich auf den nach innen gebeugten kleinen Finger – Zeige-, Mittel- und Ringfinger sind währenddessen senkrecht nach oben ausgetreckt.

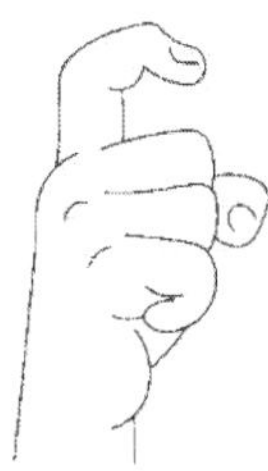

X: Alle Finger mit Ausnahme des Zeigefingers sind zur Faust geballt. Der Zeigefinger befindet sich in einer leicht gebeugten Position.

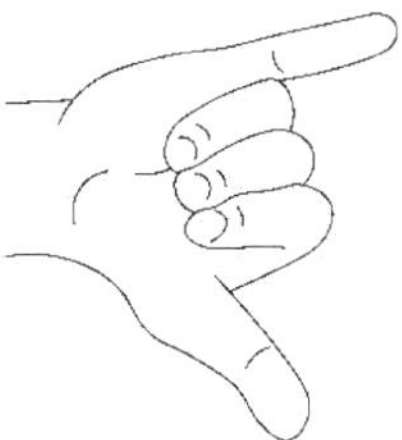

Y: Der Daumen und der kleine Finger sind nach außen gestreckt. Zeige-, Mittel- und Ringfinger liegen in der Handinnenfläche auf.

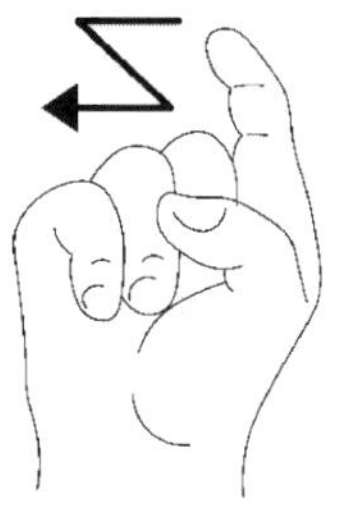

Z: Die Ausführung der Gebärde bedarf einer zusätzlichen Handbewegung. Der Daumen legt sich über den Mittel-, den Ring- und den kleinen Finger in der Handinnenfläche – der Zeigefinger ist nach oben gestreckt und zeichnet den Buchstaben „Z“ in die Luft. Dabei bewegt sich lediglich der Zeigefinger in einer Zick-Zack-Bewegung und imitiert das Schriftbild.

UMLAUTE

Auch die Umlaute sowie die Buchstabenfolge SCH oder das ß finden im Fingeralphabet Anwendung.

Die Darstellung orientiert sich dabei sehr stark an den dazugehörigen Buchstaben. Die kennzeichnenden Striche über den Umlauten werden beispielsweise mit einer gesonderten Schüttelbewegung der Hand versinnbildlicht.

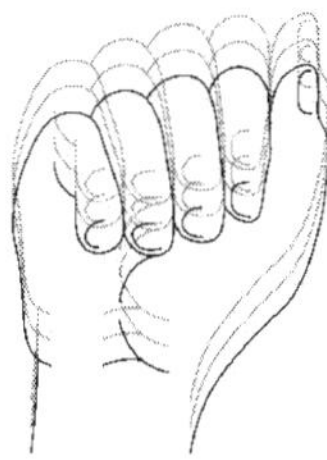

Ä: Der Buchstabe „A“ wird mit einer zusätzlichen Auf- und Abwärtsbewegung dargestellt.

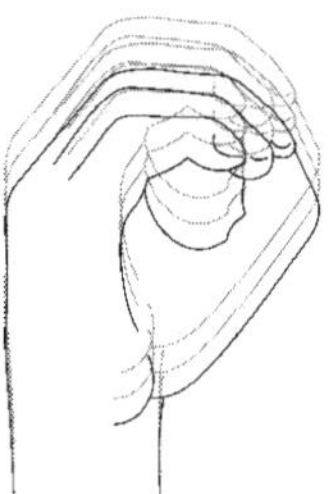

Ö: Der Buchstabe „O“ wird mit einer zusätzlichen Auf- und Abwärtsbewegung dargestellt.

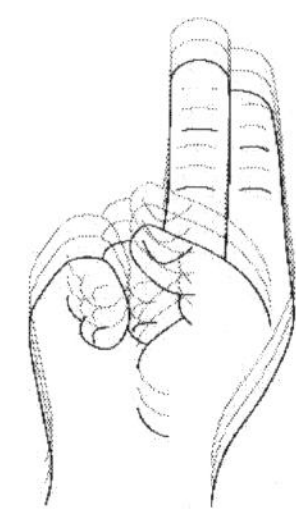

Ü: Der Buchstabe „U“ wird mit einer zusätzlichen Auf- und Abwärtsbewegung dargestellt.

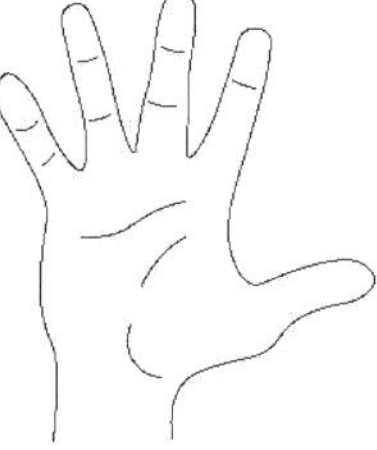

SCH: Die Hand führt flach vom Körper weg, alle 5 Finger sind abgespreizt.

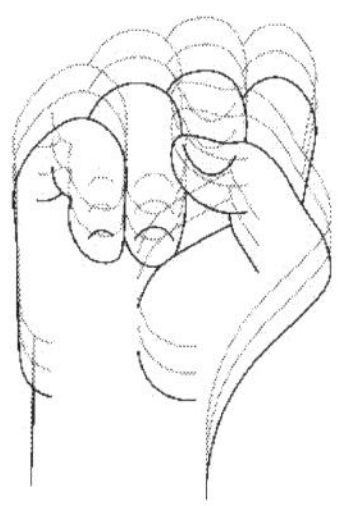

ß: Der Buchstabe „S“ wird mit einer zusätzlichen Auf- und Abwärtsbewegung dargestellt.

Wie Sie sehen, folgt das Fingeralphabet seiner ganz eigenen, nachvollziehbaren Logik. Je nachdem, welche Hand bei Ihnen die dominante ist, verwenden Sie entweder die linke oder rechte Hand für die Ausführung der Buchstaben. Rechtshänder nutzen also die rechte und Linkshänder die linke Hand.

Wenn man genau hinsieht, ist klar erkennbar, dass sich das deutsche Fingeralphabet sehr stark an die Kleinbuchstaben der Schriftform anlehnt und diese mit den jeweiligen Finger- und Handformen nachstellt. Gute Beispiele, an denen dies besonders erkennbar wird, sind die Buchstaben c, d, i, l, m, n, o, t, v, w, und y.

Besonderheit: Buchstaben werden fast ausschließlich mit einer nach vorn gerichteten Handfläche gezeigt. Der Handrücken ist somit dem eigenen Körper zugewandt.

ZAHLEN

Die gebärdensprachliche Darstellung von Zahlen erfolgt nach einem ähnlichen Prinzip. Während die Zahlen 1 bis 5 noch vollkommen intuitiv mit der Anzahl der jeweiligen Finger angezeigt werden können, existieren ab der Zahl 6 unterschiedliche Fingerkombinationen, damit für die Bildung der Gebärden ebenfalls lediglich eine Hand zur Ausübung benötigt wird.

Erklärung der einzelnen Fingerstellungen:

1: Zeigefinger

2: Zeigefinger und Mittelfinger

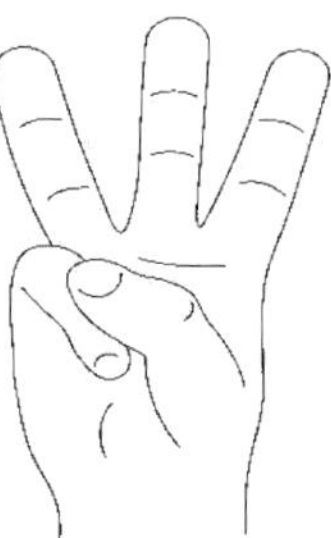

3: Zeigefinger, Mittelfinger und Ringfinger

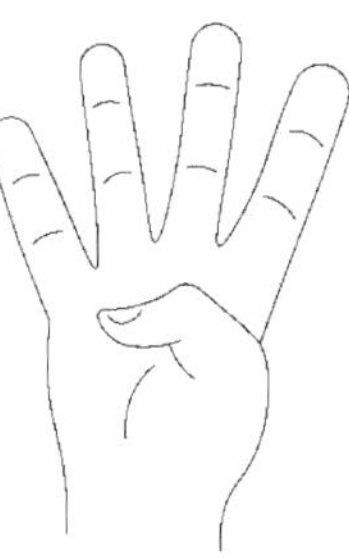

4: Zeige-, Mittel-, Ring- und kleiner Finger

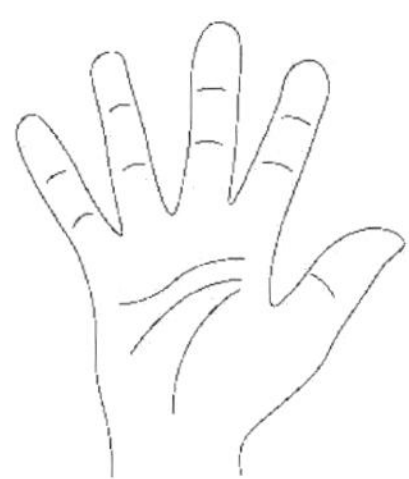

5: alle 5 Finger

6: Zeige-, Mittel- und Ringfinger.

7: Zeige-, Mittel- und kleiner Finger. Daumen und Ringfinger bilden einen Ring.

8: Zeige-, Ring- und kleiner Finger. Daumen und Mittelfinger bilden einen Ring.

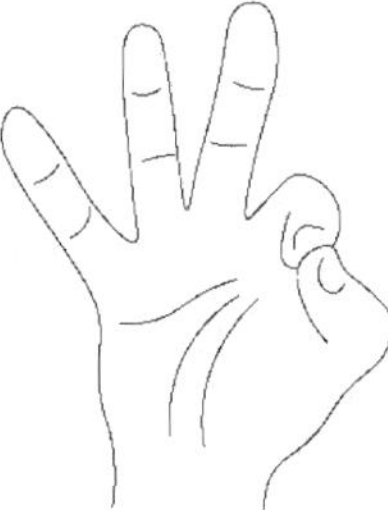

9: Mittel-, Ring- und kleiner Finger. Daumen und Zeigefinger bilden einen Ring.

10: Die Finger bilden eine Faust.

Sollten Sie die Widergabe der Zahlen wie gewohnt mit zwei Händen darstellen wollen, wird Ihnen dies kein Gebärdensprachler übel nehmen und Sie würden auch auf diese Weise von Ihrem Gegenüber verstanden werden. Achten Sie bei der Ausführung jedoch darauf, dass beim Zählen die volle Hand immer wieder mit gebärdet wird und auf der anderen Hand nicht bloß jeweils ein Finger hinzukommt.

Beispiel: Beidhändig wird die Zahl 7 mit einer vollen Hand sowie dem Daumen und Zeigefinger der zweiten Hand dargestellt.

Wie würde es aber aussehen, wenn Sie die Zahlen 11 bis 20 gebärden wollen?

- **11:** Daumen und Zeigefinger zwei Mal aufeinander tippen.
- **12:** Daumen, Zeige- und Mittelfinger zwei Mal aufeinander tippen.

Ab der Zahl 13 bis 19 erfolgt die Darstellung der Zahlen mithilfe einer zusätzlich ausgeführten Schüttelbewegung.

- **13:** Die Zahl 3 mit einer zusätzlichen Schüttelbewegung gebärden.
- **14:** Die Zahl 4 mit einer zusätzlichen Schüttelbewegung gebärden.
- **15:** Die Zahl 5 mit einer zusätzlichen Schüttelbewegung gebärden.
- **16:** Zwei- oder Einhändig die Zahl 6 mit einer zusätzlichen Schüttelbewegung gebärden.
- **17:** Beid- oder Einhändig die Zahl 7 mit einer zusätzlichen Schüttelbewegung gebärden.
- **18:** Beid- oder Einhändig die Zahl 8 mit einer zusätzlichen Schüttelbewegung gebärden.
- **19:** Beid- oder Einhändig die Zahl 9 mit einer zusätzlichen Schüttelbewegung gebärden.
- **20:** Daumen und Zeigefinger führen sich in einer Knickbewegung zueinander, ohne sich jedoch dabei zu berühren.

FÜR EINE UNTERHALTUNG WICHTIGE WÖRTER

Um einen vollständigen Satz bilden zu können, sind bestimmte Wörter oder Wortgruppen, die in der Lautsprache selbstverständlich sind, zwingend erforderlich. Oftmals handelt es sich dabei um Gebärden, die Ihnen vermutlich bereits bekannt sind, weil sie im wahrsten Sinne des Wortes auf der Hand liegen.

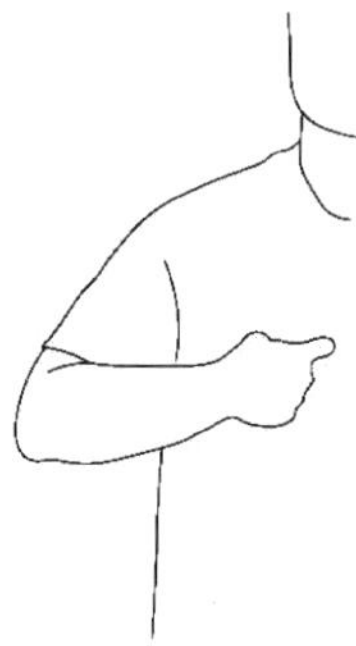

Ich

Mit der Spitze des ausgestreckten Zeigefingers wird auf die eigene Brust getippt. Der Handrücken zeigt dabei nach vorn.

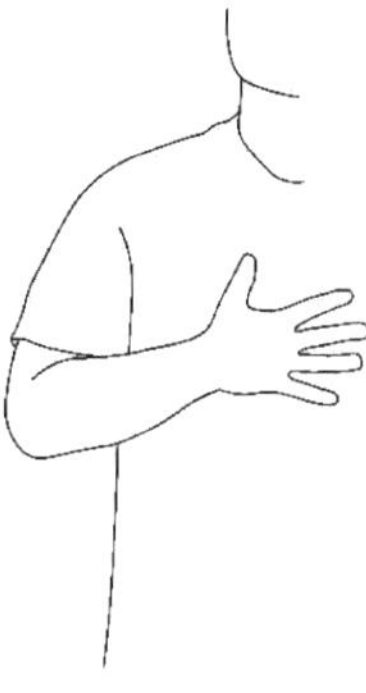

Mein

Die geöffnete Hand wird langsam zur Brust geführt, bis die Handinnenfläche schließlich auf dem Brustkorb aufliegt. Alternativ kann auch zwei Mal mit der Handfläche auf die Brust geklopft werden.

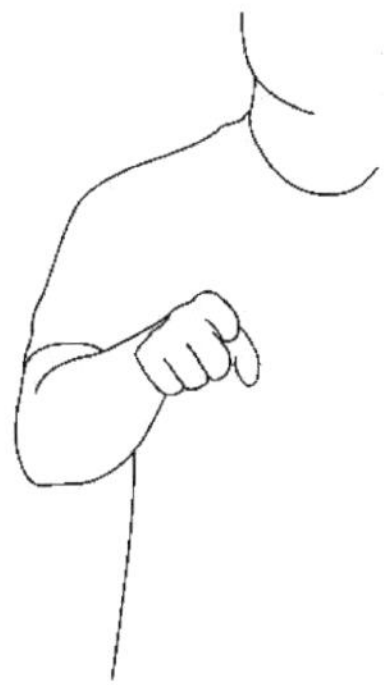

Du

Die Hand befindet sich auf Brusthöhe und der ausgestreckte Zeigefinger zeigt in die Richtung der gemeinten beziehungsweise angesprochenen Person. Der Handrücken ist dabei nach oben gerichtet.

<u>Besonderheit:</u> Die Personengruppen „**Er, Sie, Es**" werden ebenfalls mit dem Zeigefinger ausgeführt. Dabei wird mit dem ausgestreckten Zeigefinger auf die jeweilige Person gezeigt und zusätzlich dazu auch der Blick kurz auf sie gerichtet. Im Bedarfsfall kann auch der Name mithilfe des Fingeralphabetes mit angegeben werden. Wann immer eine andere, anwesende Person gemeint ist, kann direkt mit der Blickrichtung sowie dem Finger auf sie hingewiesen werden. Ist die entsprechende Person nicht anwesend, wird im Austausch dazu auf eine beliebige Person gezeigt und der Name gesondert gebärdet.

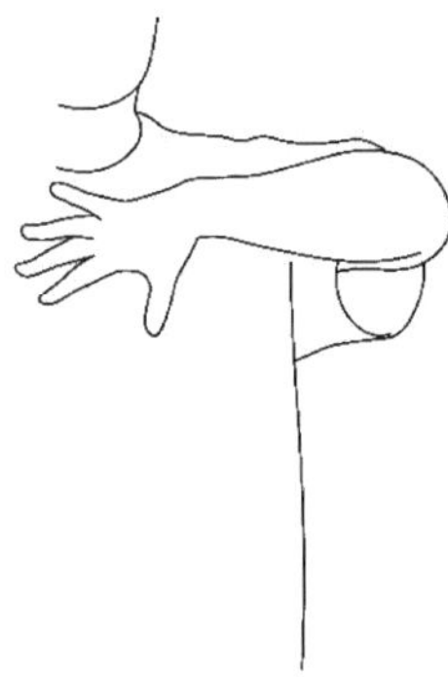

Dein

Die geöffnete Hand wird langsam von der Brust weg in Richtung der gemeinten Person bewegt. Die Handinnenfläche ist dabei nach vorn gerichtet. Das gleiche Gebärdenbild ergibt sich, wenn „sein oder ihre“ gemeint ist. Dabei werden die Blickrichtung sowie die Handführung in Richtung der gemeinten Person ausgeführt.

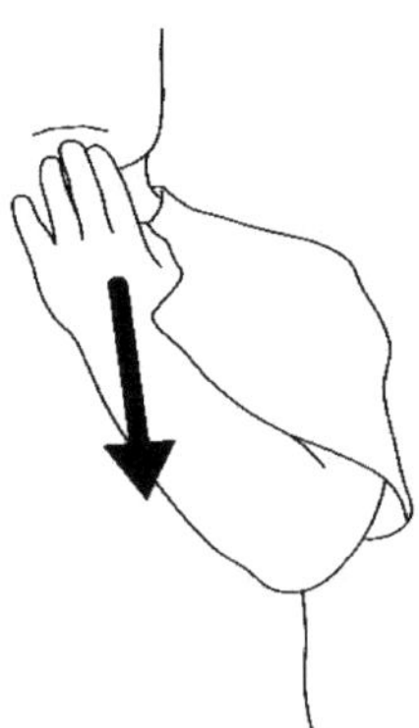

Danke

Die geöffnete Hand befindet sich vor dem Kinn und bewegt sich mit dem Handrücken nach vorn in Richtung der damit gemeinten Person. Sie können sich beim Ausführen dieser Gebärde vorstellen, Sie würden vor jemandem den Hut ziehen – nur eben auf Höhe des Kinns.

Bitte (um etwas bitten)

Beide Handinnenflächen werden vor dem Körper haltend aufeinandergelegt und zwei Mal in einer kreisenden Bewegung nach vorn geführt. Stellen Sie sich dabei vor, Sie würden die Hände zum Gebet zusammenführen und dabei zwei Mal nach vorn schütteln. Die Intensität der Vorwärtsbewegung gibt übrigens Auskunft über die Wichtigkeit Ihres Wunsches beziehungsweise Ihrer Bitte.

Diese Gebärde kann im Kontext mit einigen weiteren, sinngemäß gleichen Wörtern Anwendung finden.

Wortgruppen:

- Äußerung eines Wunsches
- Anfrage
- Verlangen

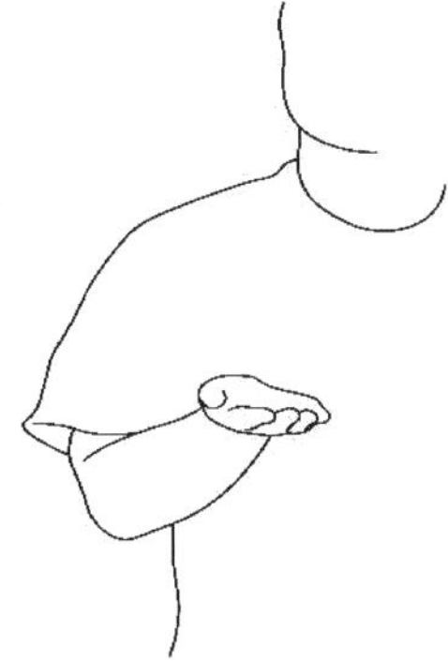

Bitte schön (gern geschehen)

Für die gebärdensprachliche Darstellung des Wortes „bitte" im Sinne von „gern geschehen" wird die dominante Hand in einer fließenden, bogenförmigen Handbewegung vor den Körper gezogen und in Richtung der damit angesprochenen Person ausgestreckt.

Die Handinnenfläche zeigt zu Beginn der Ausführung in Richtung des eigenen Körpers und während und zum Schluss der Ausführung nach oben.

Alternativ kann dies auch mithilfe nicht manueller Komponenten, nämlich mit der bloßen Mimik, dargestellt werden. Formen Sie Ihren Mund dazu zu einem Kussmund, kräuseln Sie die Augenbraunen und nicken Sie Ihrem Gegenüber dabei freundlich zu.

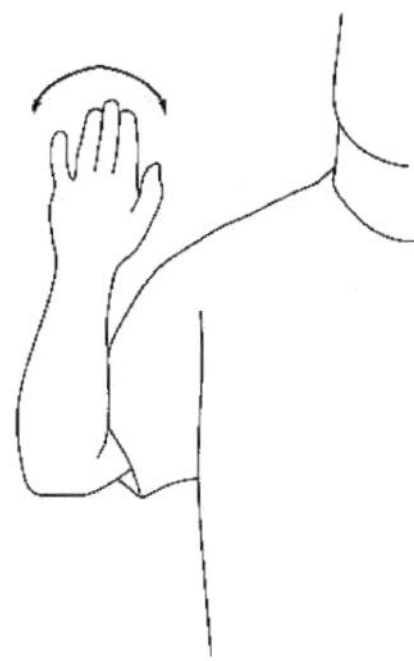

Hallo

Mit der geöffneten Hand wird auf Höhe der Schulter hin und her gewunken. Diese Gebärde ist Ihnen mit Sicherheit bereits bekannt, da sich auch die Hörenden mit einer solchen Handbewegung begrüßen. Sie gilt übrigens auch international.

Besonderheit: Die gleiche Gebärdenausführung erfolgt übrigens bei der Verabschiedung beziehungsweise dem Wort „Tschüss".

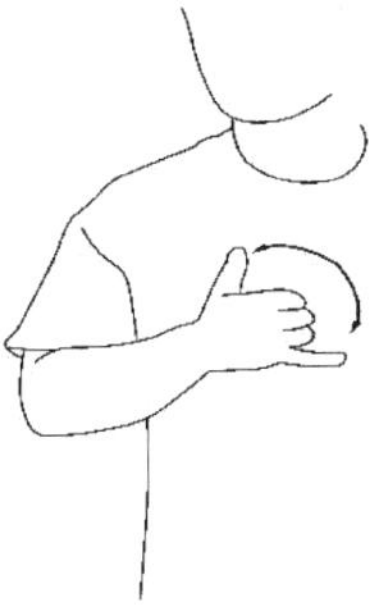

Ja

Diese Gebärde kann auf unterschiedliche Weisen dargestellt werden. Je nach Kontext reicht es in aller Regel aus, lediglich mit dem Kopf zu nicken (auf und ab). Oftmals wird eine Zustimmung beziehungsweise Bestätigung aber auch mit dem Daumen und dem kleinen Finger dargestellt. Dabei spreizen sich Daumen und kleiner Finger ab, während die restlichen Finger in der Handinnenfläche aufliegen – der Handrücken zeigt dabei nach außen. Zur korrekten Ausführung dieser Gebärde wippt dabei die Hand leicht hin und her, so, als würde sie nicken.

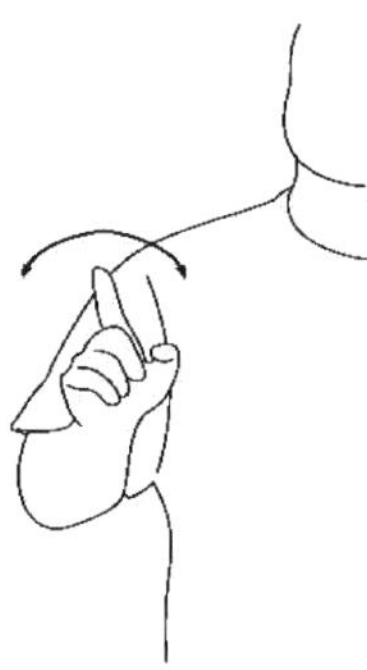

Nein

Der ausgestreckte Zeigefinger pendelt wiederholt von rechts nach links. Der Handrücken ist dabei dem Körper zugewandt. Alternativ kann zusätzlich zur ausgeführten Gebärde auch der Kopf geschüttelt werden (rechts und links).

Zur Vereinfachung reicht es oftmals jedoch auch aus, wenn nur der Kopf geschüttelt wird, da dies als ein klares und universelles Nein in den meisten Fällen bereits ausreicht.

Achtung: Die bloße Schüttelbewegung des Kopfes sollte nur dann zum Einsatz kommen, wenn es zum Kontext passt und tatsächlich das Wort Nein dargestellt werden soll. Handelt es sich jedoch um eine Ablehnung oder ein Verbot, sollte die Gebärde in jedem Fall korrekt ausgeführt werden. Doch keine Sorge, Ihr Gegenüber würde Sie dennoch verstehen – grammatikalisch würde es sich dabei allerdings um einen Ausführungsfehler handeln.

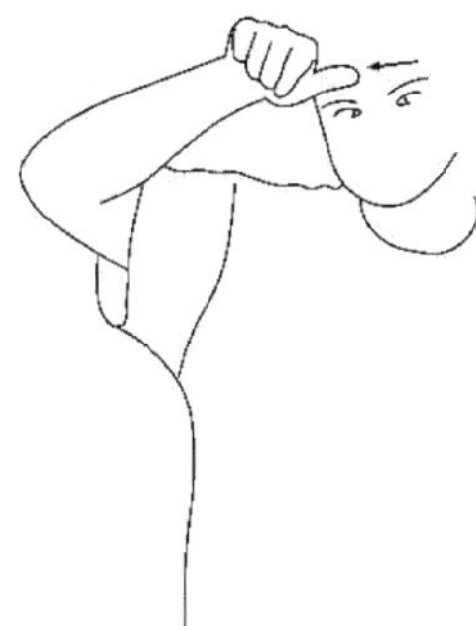

Name

Die Hand ist zur Faust geballt, nur der Daumen ist ausgestreckt. Der Daumen wird dann in einer geraden Linie über die gesamte Stirn gezogen.

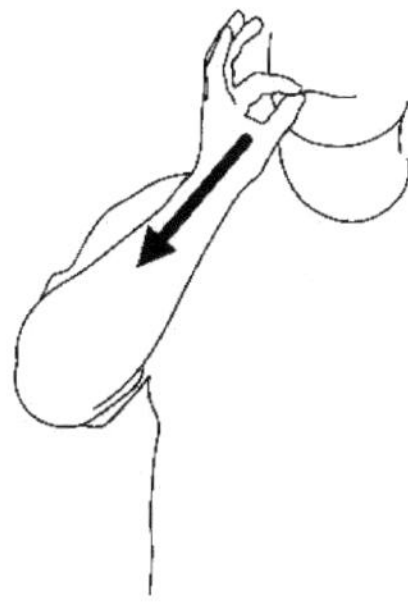

gut

Mit Daumen und Zeigefinger wird ein Kreis gebildet, während alle übrigen Finger gerade nach oben gerichtet abgespreizt sind. Damit bilden Sie sinngemäß das universelle Zeichen für „OK“ nach. Um die Gebärde auszuführen, befindet sich die Hand auf Gesichtshöhe, in der Nähe des Mundes, und wird mit einer schnellen Außenbewegung verdeutlicht.

Hinweis: Diese Darstellung ersetzt in der Gebärdensprache übrigens den Satz „mir geht es gut“. Die Gebärde „gut“ ist an dieser Stelle vollkommen ausreichend.

Entschuldigung

Mit den Fingern der rechten Hand wird über den Handrücken der linken Hand in kreisförmigen Bewegungen gestrichen. Beide Handrücken zeigen dabei nach oben. Die kreisförmigen Bewegungen werden mehrmals ausgeführt.

DIE W-FRAGEN

Wann immer Sie eine direkte Frage stellen möchten, kommen die sogenannten W-Fragen ins Spiel. Diese werden entweder direkt zu Beginn oder zum Schluss eines jeweiligen Satzes dargestellt.

In einigen Situationen können die Fragewörter auch doppelt Anwendung finden, indem sowohl sie zu Beginn als auch zum Schluss eines Satzes ausgeführt werden. Dies verleiht der Frage eine bestimmte Wichtigkeit und vermittelt dem Gegenüber auf Anhieb, dass es sich um eine offene Frage handelt, auf die eine Antwort erwartet wird.

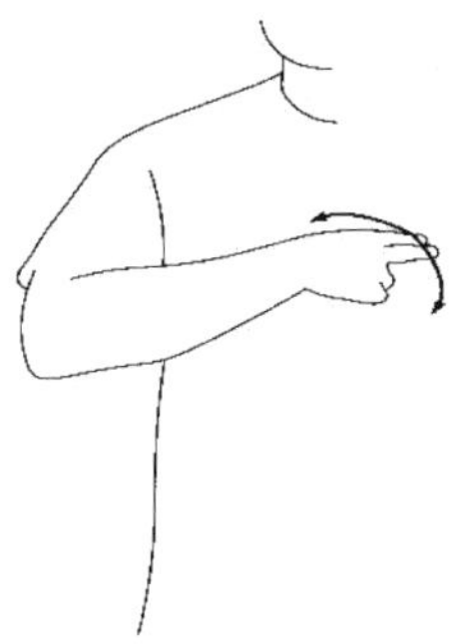

Wer

Zeige- und Mittelfinger sind ausgestreckt und sollen sinnbildlich eine Person darstellen. Die Hand fährt in einer Bewegung von einer Seite zur anderen.

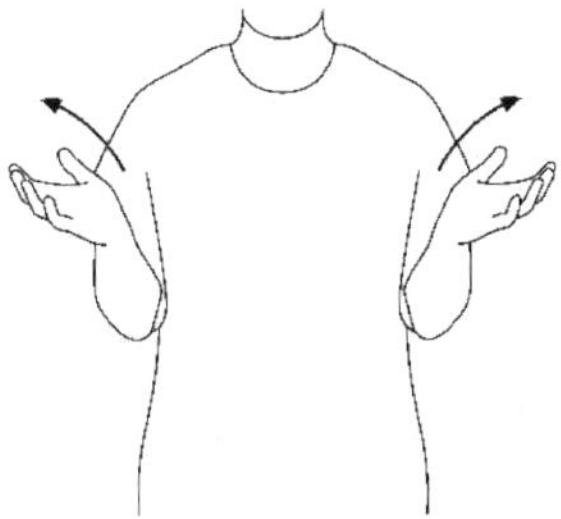

Was

Das Fragewort „Was“ kann anhand von zwei unterschiedlichen Gebärden dargestellt werden. Die tatsächliche Durchführung der jeweiligen Gebärde ist abhängig vom Kontext. Handelt es sich um die schlichte Frage „Was?“, werden beide Hände mit einer fragenden Haltung und nach oben gerichteten Handinnenflächen in einer horizontalen Außenbewegung dargestellt.

Soll jedoch die Frage „Was?“ als eine Entscheidungsfrage gelten und für die Auswahl von Dingen stehen, wird die Gebärde für das Wort „Welche“ verwendet.

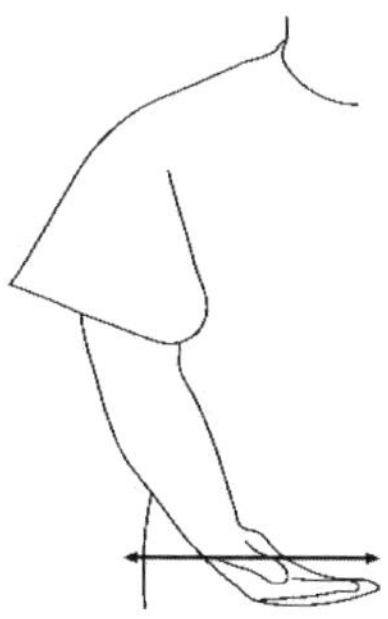

Welche

Die flache, nach vorn ausgestreckte und geöffnete Hand wird vor dem Körper in kleinen Bewegungen abwechselnd nach links und rechts bewegt.

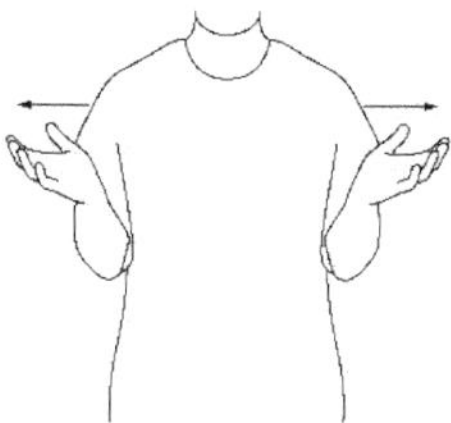

Wo

Beide Hände werden geöffnet vor den Körper gehalten und mit einer Bewegung vom Körper weggeführt, die Handinnenflächen zeigen dabei nach oben.

Wann

Die Fingerspitzen der Hand werden zur Wange geführt und leicht darüber getrippelt.

Warum

Der rechte Ellenbogen wird auf die Innenfläche der linken Hand gelegt. Die rechte Hand ist dabei mit dem Handrücken nach vorn und den Fingerspitzen nach oben ausgerichtet – der Daumen liegt in der Handinnenfläche und ist verdeckt. Die rechte Hand bewegt sich in einer schnellen kurzen Bewegung vom Körper weg.

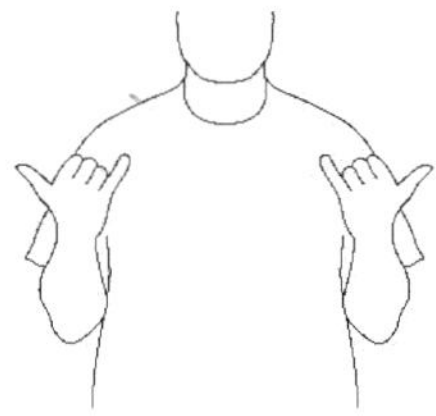

Wie

Die Daumen sowie die kleinen Finger beider Hände sind ausgestreckt und werden vor dem Körper in einer Drehbewegung des Handgelenks (hin und her) gehalten.

ZEITANGABEN

Die Frage nach der Uhrzeit wird beispielsweise lediglich mit dem Tippen auf das Handgelenk – als ob auf eine Armbanduhr gezeigt werden würde – dargestellt.

Die jeweilige Uhrzeit wird daraufhin mit der Angabe der Zahlen durch Anwendung der zweihändigen Darstellung und einer zusätzlichen pulsierenden Handbewegung gebärdet.

Um zeitliche Ereignisse abzubilden, werden sogenannte Zeitlinien verwendet. Bei kalendarischen Einheiten erfolgt die Widergabe seitlich neben dem Körper.

Nachfolgend erhalten Sie einen Überblick über die wichtigsten zeitlichen Angaben, die eine eigenständige Gebärde besitzen und unabhängig von jeweiligen Zeitstrahlen oder Linien wiedergegeben werden.

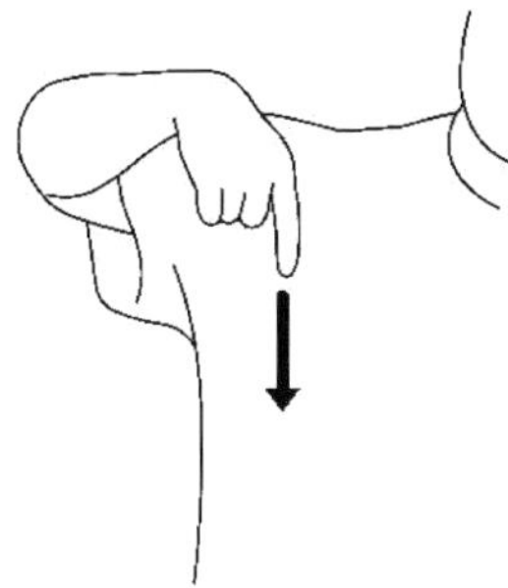

Heute

Der Zeigefinger der dominanten Hand ist ausgestreckt und zeigt nach unten, währenddessen sind die übrigen Finger zur Faust geballt und liegen in der Handinnenfläche auf. Die Hand wird nun in einer fließenden Bewegung nach unten geführt. Beim Ausüben der Gebärde ist der Handrücken nach oben ausgerichtet.

Alternativ kann die Gebärde auch zweihändig ausgeführt werden – Zeige- und Ringfinger beider Hände sind dabei gerade nach vorn ausgestreckt. Beide Hände werden daraufhin zwei Mal gemächlich nach unten geführt. Die Handrücken zeigen dabei jeweils nach außen.

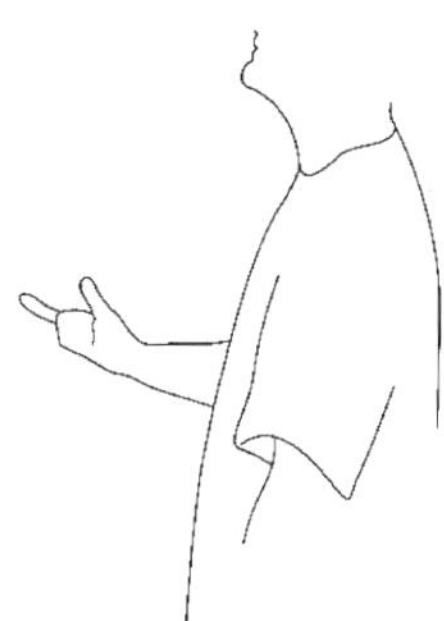

Morgen

Der Zeigefinger ist ausgestreckt, während alle anderen Finger in der Handinnenfläche aufliegen. Der Zeigefinger wird von der Wange aus in einem Bogen nach vorn bewegt. Zu Beginn der Ausführung zeigt der Handrücken nach vorn, während und zum Schluss der Ausführung zeigt er nach unten.

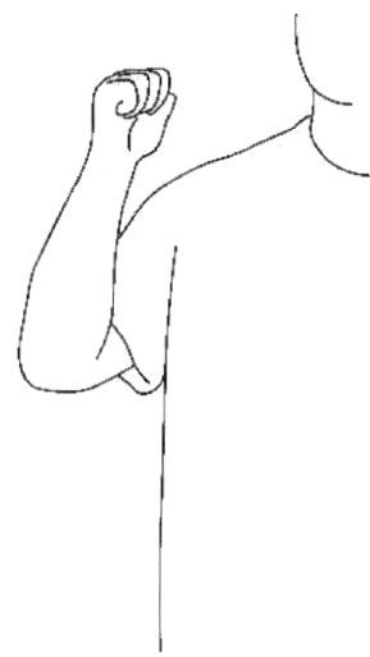

Gestern

Der Daumen wird ausgestreckt und mit einem kleinen Bogen über die Schulter nach hinten geführt.

Alternativ kann dies auch mit dem Berühren der Wange ausgeführt werden.

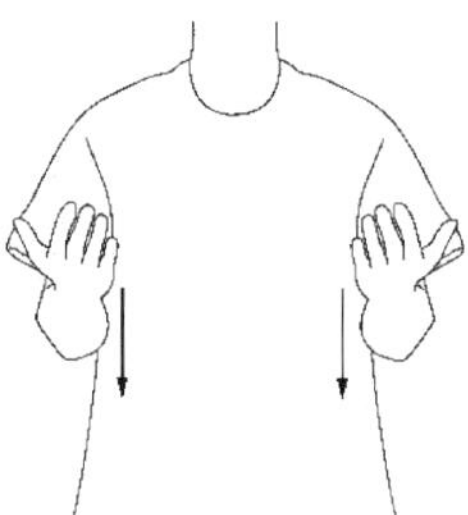

Jetzt

Beide Hände werden geöffnet vor den Oberkörper gehalten und schnell betonend nach unten gerichtet. Die beiden Handrücken zeigen dabei nach unten.

GEFÜHLE

Wie geht es meinem Gegenüber oder was möchte ich meinem Gesprächspartner gern von mir vermitteln? Der Ausdruck von Gefühlen, wie Hunger oder Trauer, sind existenzielle Wörter, die für eine aktive Gesprächsführung von besonderer Bedeutung sind.

(wohl)fühlen

Für das Wort „fühlen" im Sinne der Gefühlslage beziehungsweise der Empfindung wird die geöffnete, flache Hand auf den Brustkorb gelegt und in einer geraden Linie nach unten gefahren.

Um wiederrum das „Fühlen" im Sinne des Tastsinnes zu gebärden, werden beide Hände vor den Körper gehalten und der Daumen reibt einige Male über Zeige- und Mittelfinger. Damit wird das tatsächliche Tasten beziehungsweise Erfühlen imitiert.

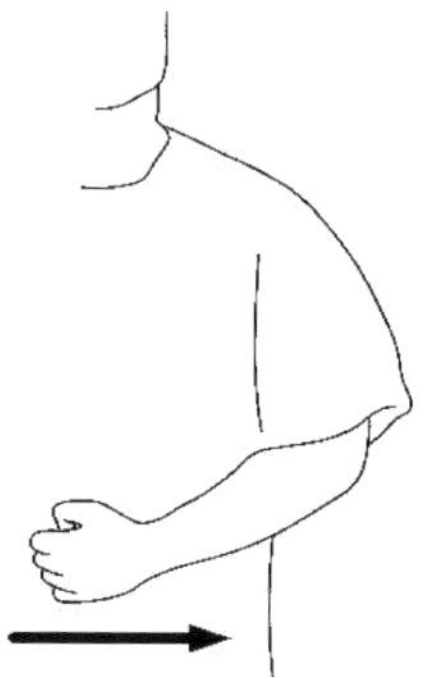

Hunger

Die rechte Hand wird auf Höhe des Bauches platziert und die Bewegung wird in die äußere Richtung durchgeführt. Die Hand wird dabei über den Bauch gezogen.

Durst

Die Hand umfasst den Hals. Die Gebärde wird so ausgeführt, dass die Hand mit einer kurzen Bewegung entlang der Kehle erfolgt – sie beginnt unterhalb des Kinns und endet auf Höhe des Schlüsselbeins.

Müde

Daumen und Zeigefinger werden vor ein Auge geführt und berühren sich zwei Mal. Während dieser Bewegung werden zusätzlich die Augen geschlossen.

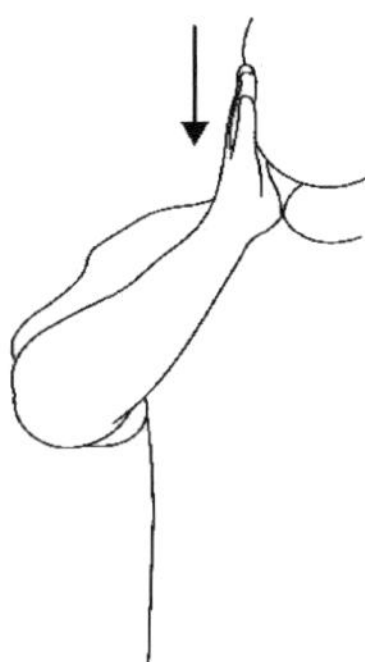

lieb

Die flache, geöffnete Hand streicht in einer Abwärtsbewegung über die Wange.

lieben

Beide Hände werden mit geöffnet und überkreuzt vor die Brust gehalten. Die Handinnenflächen berühren dabei den Körper und die Handrücken zeigen nach außen.

fröhlich

Beide Hände befinden sich geöffnet auf Bauchhöhe, hierbei zeigen die Daumen nach außen und die Handrücken nach unten. Die Gebärde wird ausgeführt, indem beide Hände zwei Mal nach oben gezogen werden.

Diese Gebärde wird zusätzlich für die folgenden Gefühlsausdrücke angewandt:

- glücklich
- Spaß haben
- erfreut
- munter

- lebensfroh
- zufrieden

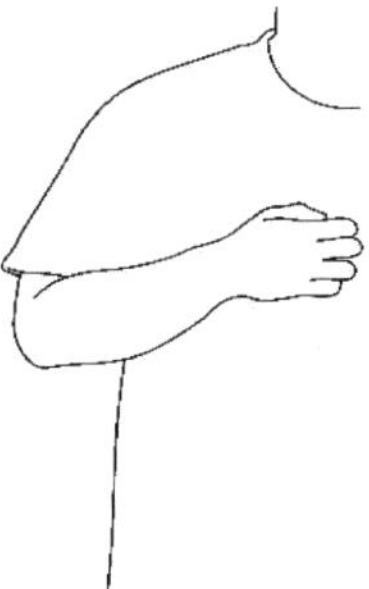

krank

Die Finger der dominanten Hand werden zu Krallen geformt und zwei Mal auf den Brustkorb geklopft.

Alternativ kann eine Erkrankung oder ein allgemeines Unwohlgefühl auch dadurch signalisiert werden, dass die flache Hand an die fiebrige Stirn gehalten wird.

VERBEN

Auch die Tätigkeitswörter dürfen bei einer funktionierenden und vollständigen Unterhaltung nicht fehlen. Oftmals sind besonders die Verben sehr bildhaft dargestellt, sodass sie im Kontext auch von Menschen verstanden werden, die keine oder nur sehr wenig Kenntnisse der Gebärdensprache besitzen.

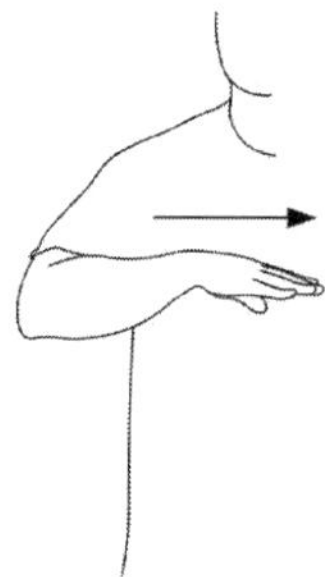

fahren

Die flache, ausgestreckte Hand bewegt sich in Fahrtrichtung vorwärts oder auch seitwärts. Dabei zeigt der Handrücken nach oben und die Ausführungsstelle ist auf Höhe der Brust.

Diese Gebärde steht für eine Vielzahl an Bedeutungen, die mit dem Wort „fahren“ in unmittelbarer Verbindung stehen.

Wortgruppen:

- sich fortbewegen
- eine Reise machen
- steuern
- schieben
- verreisen

gehen

Mit dem Zeige- und Mittelfinger wird eine Gehbewegung auf dem Arm imitiert. Diese Gebärde wird besonders in der „Jugendsprache“ vereinfacht dargestellt, indem die Finger lediglich in der Luft tanzen und Zeige- und Mittelfinger Vorwärtsbewegungen imitieren.

Alternativ kann die Gebärde aber auch mit dem wechselseitigen Klopfen auf beide Oberschenkel ausgeführt werden. Auch auf diese Weise wird das Gehen nachgeahmt.

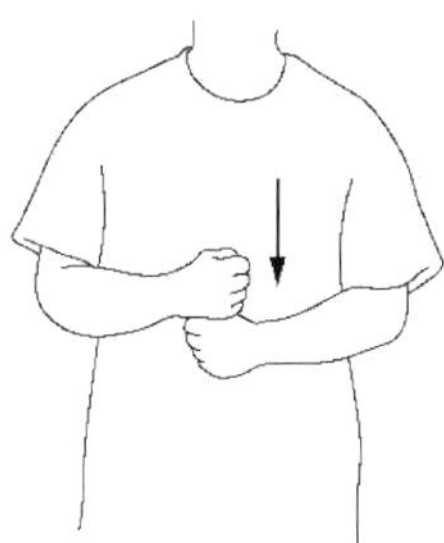

arbeiten

Beide Hände werden zur Faust geballt und vor dem Oberkörper zwei Mal aufeinandergeschlagen. Die Fäuste befinden sich dabei übereinander.

Auch diese Gebärde hat eine Vielzahl an Bedeutungen, die mit dem Wort arbeiten in Verbindung stehen.

Wortgruppen:

- tätig sein
- lernen
- etwas anfertigen
- beschäftigen

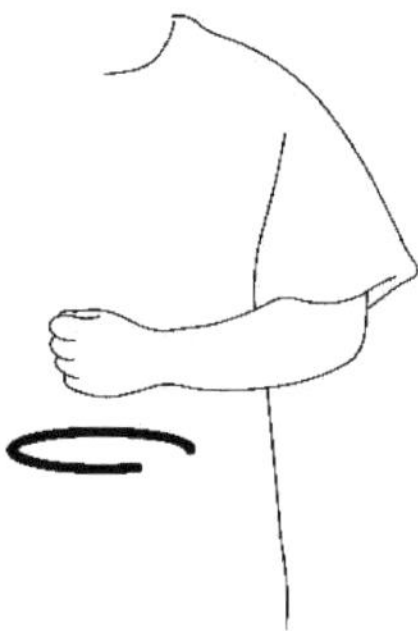

kochen

Mit allen Fingern der Hand wird ein Ring gebildet und vor dem Körper kreisförmig bewegt. Dies imitiert das Halten eines Kochlöffels mit dem damit verbundenen Rühren der Suppe.

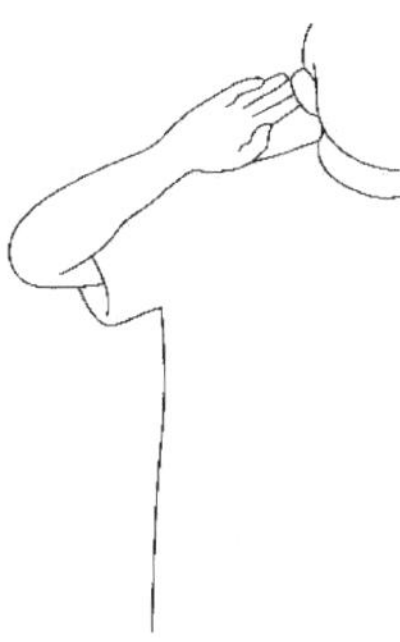

hören

Die geöffnete, aufgestellte Hand legt sich hinter das Ohr und symbolisiert auf diese Weise das Hören.

Für diese Gebärde existieren erneut unterschiedliche Einsatzmöglichkeiten, deren Bedeutungen mit dem Wort hören einhergehen.

<u>Wortgruppen:</u>

- zuhören
- aufmerksam sein
- Ton
- Klang
- wahrnehmen
- etwas mitbekommen

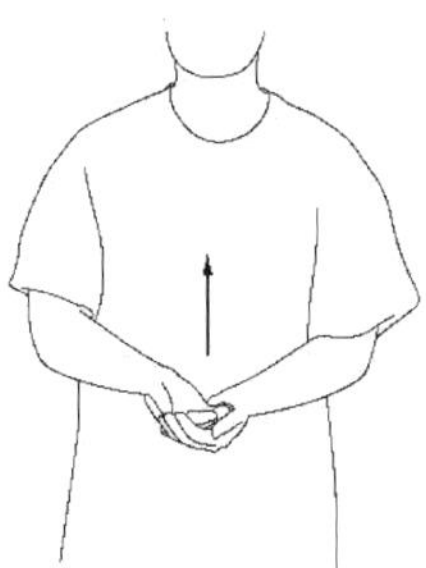

helfen

Beide Hände werden geöffnet vor den Körper gehalten, wobei die untere Hand die obere leicht nach oben hebt. Beide Handrücken zeigen beim Ausführen der Gebärde nach unten. Hierbei handelt es sich erneut um eine Gebärde, die eine Vielzahl an Bedeutungs- und Einsatzmöglichkeiten besitzt.

Wortgruppen:

- betreuen
- beraten
- beistehen
- unterstützen
- entlasten
- lindern

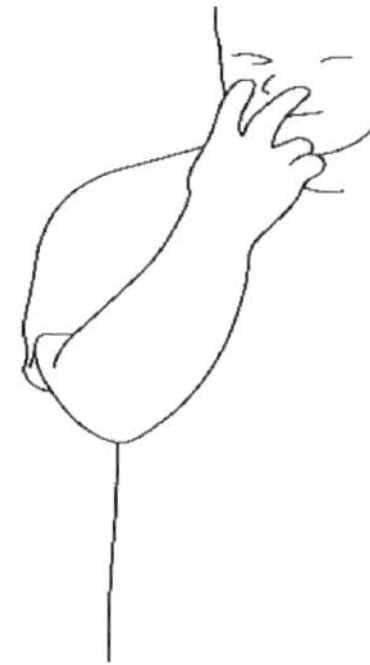

sehen

Zeige- und Ringfinger werden gespreizt vor die Augen geführt und nach vorn bewegt.

Alternativ kann auch die geöffnete Hand auf der Stirn, unmittelbar über den Augen, aufgestellt werden. Dabei liegt der Zeigefinger auf der Stirn auf und der Daumen wird seitlich daran vorbeigeführt.

Im Kontext können eine Reihe weiterer Bedeutungen für die ausgeführte Gebärde existieren.

<u>Wortgruppen:</u>

- Ausschau halten
- Blick
- Sichtweise
- beobachten
- finden
- begreifen

trinken

Der Daumen wird ausgestreckt in einem Bogen zum Mund geführt, wobei die restlichen Finger zur Faust geballt in der Handinnenfläche verweilen.

Alternativ kann diese Gebärde auch ohne den ausgestreckten Daumen ausgeführt werden. Dabei wird die zur Faust geballte Hand im Bogen zum Mund geführt.

Hinweis: Diese Gebärde kann übrigens auch als Synonym für das Wort Durst verwendet werden.

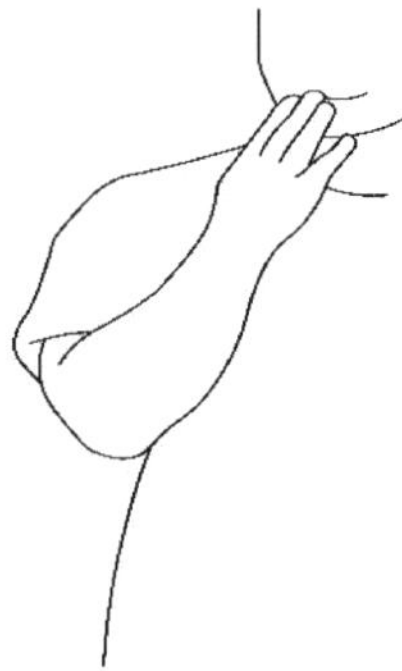

essen

Die Fingerspitzen werden langsam zum Mund geführt, ohne die Lippen dabei zu berühren, und ein paar Mal vor und zurückbewegt. Dabei sollte der Mund mit den Bewegungen simultan geöffnet und geschlossen werden.

Auch diese Gebärde hat unterschiedliche Bedeutungsmöglichkeiten und kann im Kontext weitreichend Anwendung finden.

<u>Wortgruppen:</u>

- das Essen
- die Speise
- futtern
- knabbern
- das Menü

SOZIALES UMFELD

Mama

Der ausgestreckte Zeigefinger streicht in einer Abwärtsbewegung über die Wange, währenddessen sind die restlichen Finger geschlossen und liegen in der Handinnenfläche auf. Die Handkante zweigt bei der Ausführung der Gebärde nach vorn.

Papa

Die Hand ist geöffnet, der Daumen liegt in der Handinnenfläche auf. Die geöffnete Hand wird an der Stirn platziert und in einem Bogen zum Kinn geführt. Der Handrücken ist währenddessen nach oben ausgerichtet. Stellen Sie sich bei der Ausführung der Gebärde vor, Sie würden salutieren und dabei Ihre Hand zum Kinn führen.

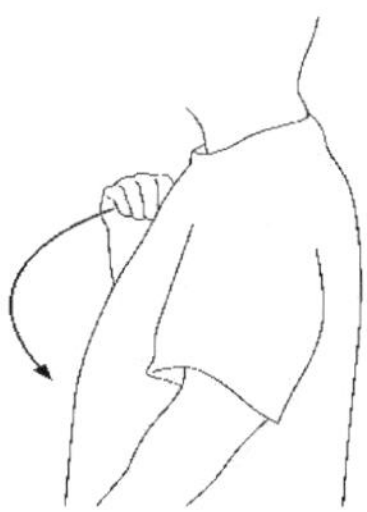

Frau

Die Gebärde für das weibliche Geschlecht beziehungsweise die Bezeichnung „Frau“ soll bildhaft die weiblichen Rundungen imitieren. Die flache Hand wird dabei zur Brust und dann mit einem Bogen zum Oberbauch geführt. Die Finger liegen bei der Ausführung aneinander und der Handrücken zeigt nach außen.

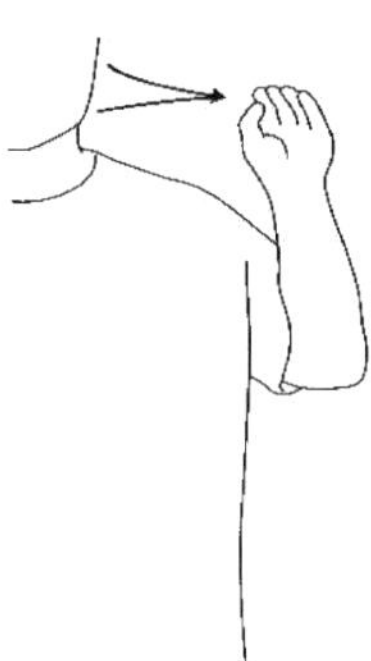

Mann

Alle Fingerspitzen der Hand liegen aneinander und werden zum Kopf geführt. Mit einer Vorwärtsbewegung löst sich die Hand vom Kopf. Stellen Sie sich zum besseren Verständnis der Ausführungsweise vor, Sie würden sich einen Hut vom Kopf ziehen.

Freund

Die rechte Hand umschließt das linke Handgelenk und wird drei Mal leicht geschüttelt.

TIERE

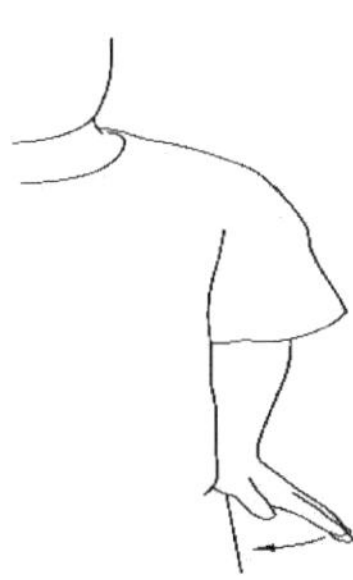

Hund

Drei Mal mit der flachen Hand gegen die Hüfte schlagen. Damit wird das Heranrufen eines Hundes imitiert.

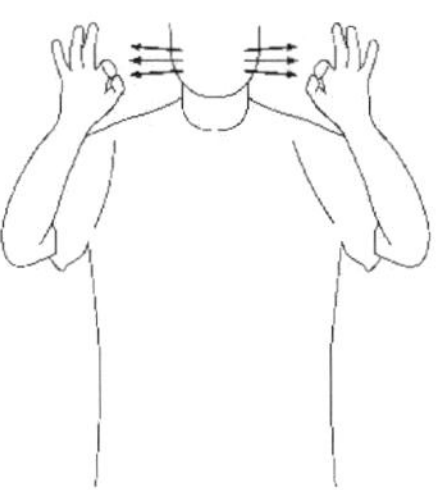

Katze

Mit Daumen und Zeigefinger drei imaginäre Schnurrhaare vor das Gesicht zeichnen. Die Ausführung der Gebärde erfolgt demzufolge drei Mal. Die restlichen Finger sind weit voneinander abgespreizt.

Pferd

Mit beiden Händen wird das Halten von Zügeln angedeutet. Beide Hände sind dabei zur Faust geballt und befinden sich auf Höhe der Körpermitte. Die Ausführung erfolgt mit kreisenden Auf- und Abwärtsbewegungen der Hände.

FARBEN

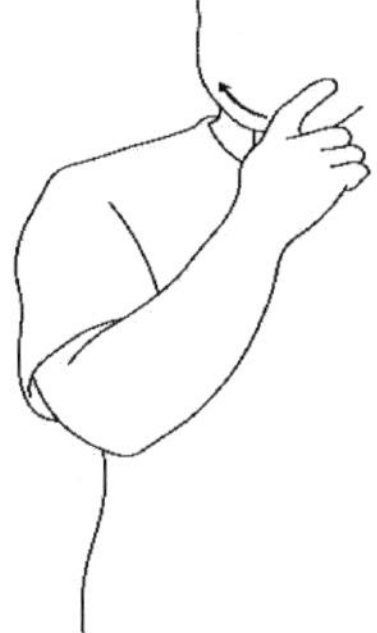

Rot

Mit dem Zeigefinger wird auf die Unterlippe gezeigt oder getippt. Das Rot der Lippen steht hierbei sinnbildlich für die Farbe Rot.

Blau

Mit Zeige- und Ringfinger wird ein Fluss, der sich von oben nach unten schlängelt, dargestellt. Die Ausführung erfolgt dabei seitlich neben dem Körper.

Grün

Die geöffnete Hand wird vor dem Oberkörper hin- und hergeschwankt. Die Handinnenfläche ist dabei auf den Körper gerichtet – der Handrücken zeigt nach außen. Die Ausführung der Gebärde soll im Wind wehende Grasbüschel imitieren.

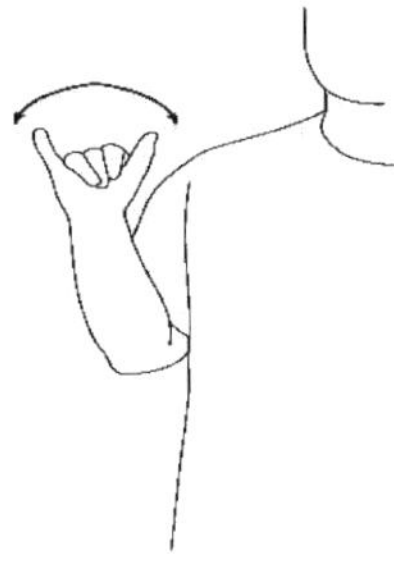

Gelb

Die Handform für den Buchstaben Y des Fingeralphabets wird eingenommen und die Hand wird im Handgelenk gedreht. Daumen und kleiner Finger sind demnach abgespreizt, während die übrigen Finger in der Handinnenfläche aufliegen.

DIE BILDUNG ERSTER EINFACHER SÄTZE

Wiederholen Sie die einzelnen Gebärden und Handstellungen immer wieder, um sie zu verinnerlichen und in Ihr Unterbewusstsein aufzunehmen. Am besten eignet es sich, die Gebärden vor dem Spiegel zu probieren. Auf diese Weise können Sie sich selbst kontrollieren und sicherstellen, dass die ausgeführte Gebärde mit der korrekten Handführung, Handstellung und an der korrekten Ausführungsstelle erfolgt.

Passen Sie dazu auch Ihre Körperhaltung und Mimik der Situation an und gebärden Sie so ausdrucksstark wie nur möglich. Fangen Sie langsam an, bekommen Sie ein Gefühl für die unterschiedlichen Bewegungen und deren Abläufe und steigern sich mit zunehmender Sicherheit langsam auch im Tempo. Sobald Ihnen dies gelingt und Sie sich sicher fühlen, können Sie damit beginnen, die ersten zusammenhängenden Wörter zu einem eigenständigen und aussagekräftigen Satz zusammenzufügen. Versuchen Sie dabei, sich die jeweiligen Satzstrukturen zu merken, da Sie auf diese Weise auch sehr schnell die Satzzusammenhänge anderer Gebärden erkennen können.

Behalten Sie stets im Hinterkopf, dass die Grammatik der Gebärdensprache eine andere ist, als Sie sie gewohnt sind – Sie müssen versuchen, sich von dem Ihnen Bekannten zu lösen. Mit ein wenig Übung werden Sie allerdings feststellen, dass Sie den sprichwörtlichen Schalter im Kopf gar nicht mehr umlegen müssen und die Gebärden wie von allein erfolgen.

Merken Sie sich immer: „Subjekt – Objekt – Verb" – die sogenannte SOV-Methode

Nachfolgend werden Ihnen die wichtigsten und typischsten Sätze einer Unterhaltung näher gebracht. Die Art der Strukturen sowie des Aufbaus sind immer gleich und können daher mit ein wenig Routine von Ihnen für alle anderen Satzbildungen angewandt werden.

„Mein Name ist" wird in der Gebärdensprache zu „Ich – Name"

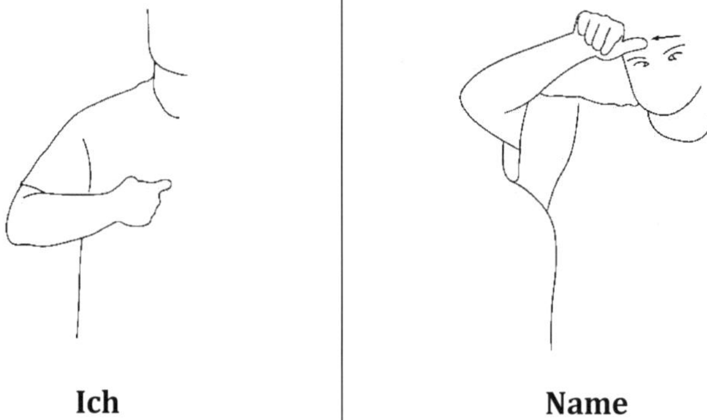

Ich | **Name**

Zeigen Sie dazu mit dem Zeigefinger auf sich selbst und streifen Sie mit dem Daumen der gleichen Hand anschließend in einer geraden Linie über Ihre gesamte Stirn. Anschließend Gebärden Sie anhand des Fingeralphabets Ihren Namen.

> **Hinweis:** Auch wenn Sie in einer früheren Unterhaltung mit einem Gehörlosen schon einmal eine individuelle Namensgebärde erhalten oder verwendet haben, so müssen Sie dennoch Ihren Namen wenigstens einmal akkurat gebärden, da Ihr neuer Gegenüber Ihren „Spitznamen" noch nicht kennen kann.

„Ich bin krank" wird in der Gebärdensprache zu „Ich – krank"

Ich | **krank**

Um anzuzeigen, dass Sie krank sind, zeigen Sie mit Ihrem Zeigefinger zunächst auf sich selbst, formen Sie mit der gleichen Hand an gleicher Ausführungsstelle eine Krallenhand und klopfen Sie sich dabei zwei Mal auf den Brustkorb.

„Ich fühle mich krank" wird in der Gebärdensprache zu „ich - krank - fühlen"

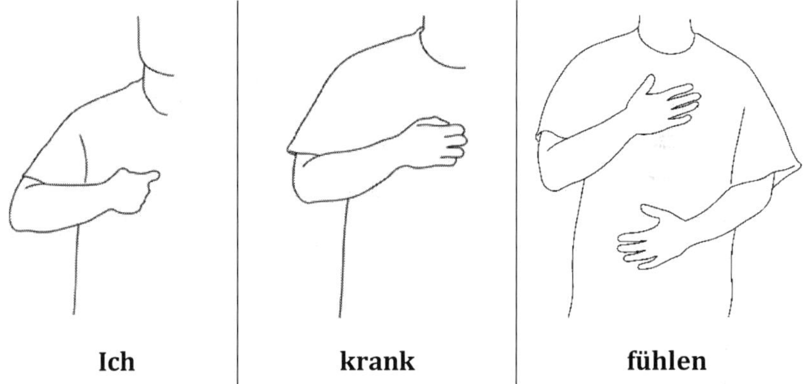

Ich	krank	fühlen

Da es sich hierbei nicht um die Tatsache handelt, dass Sie krank sind, sondern dies als Gefühl beschrieben werden soll, ist die Gebärde für das Fühlen unabdingbar. Andernfalls würden Sie, wie im Beispiel zuvor, davon sprechen, dass Sie tatsächlich krank sind.

Hängen Sie dazu lediglich noch das Wort „fühlen" im Sinne des Wohlbefindens mit an, indem Sie nach der Gebärde für krank Ihre Hand auf den Brustkorb legen und diese in einer geraden Linie nach unten in Richtung Bauchnabel gleiten lassen.

„Mir geht es gut" wird in der Gebärdensprache zu „Ich - gut"

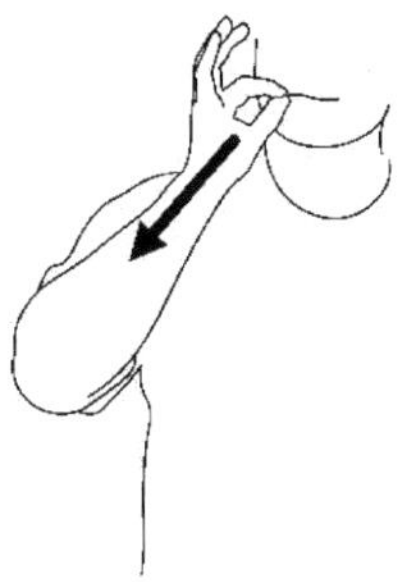

gut / ich gut

Für das Darstellen des Satzes „mir geht es gut" bedarf es nicht vieler Gebärden – eine ist in diesem Fall absolut ausreichend. Mit der simplen Gebärde für „gut" wird dem Gegenüber der Gemütszustand im Kontext vermittelt. Alternativ kann ergänzend dazu jedoch auch das Wort „ich" hinzugebärdet werden. Achten Sie dann jedoch darauf, dass Sie dies zu Beginn ausführen.

„Wie geht es dir" wird in der Gebärdensprache zu „du - gut"

Du | **gut**

Um Ihren Gegenüber nach seinem aktuellen Gemütszustand zu fragen, bedarf es keiner vielen Worte oder Gebärden. Zeigen Sie lediglich mit Ihrem Zeigefinder auf die zu fragende Person und gebärden Sie danach das Wort „gut", indem Sie mit Ihrem Zeigefinger und Ihrem Daumen auf Höhe Ihres Gesichtes ein „OK-Zeichen" bilden und Ihre Hand in einer schnellen Bewegung nach außen führen.

„Wie fühlst du dich" wird in der Gebärdensprache zu „du – gut – fühlen"

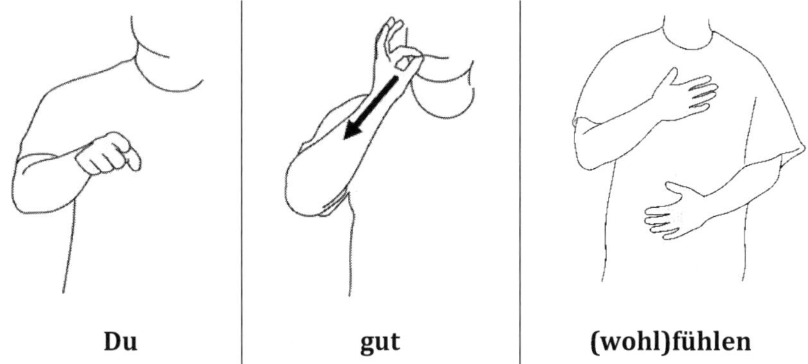

Du	**gut**	**(wohl)fühlen**

Gemeint kann bei diesem Ausspruch sowohl die Fragestellung, „Fühlst du dich gut?", im Sinne von, „wie geht's dir?", oder aber auch die Frage, „wie fühlst du dich?", im Sinne einer Erkrankung gemeint sein.

Hierbei ergänzen Sie das zuvor genannte Beispiel lediglich um das Wort „(wohl)fühlen". Legen Sie dabei Ihre flache, geöffnete Hand mit der Handinnenfläche auf Ihren Brustkorb und führen Sie die Hand in einer geraden Linie nach unten.

„Ich liebe dich" wird in der Gebärdensprache zu „ich – lieben – du"

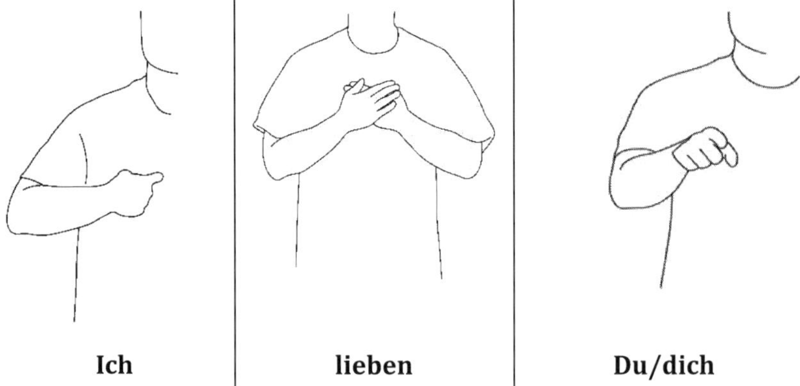

Für die schönsten drei Worte der Welt zeigen Sie mit Ihrem Zeigefinger zunächst auf sich selbst und führen daran anschließend die Gebärde für „lieben" aus. Verschränken Sie dazu beide Arme vor Ihrer Brust, wobei die Hände mit gespreizten Fingern locker übereinander liegen. Abschließend zeigen Sie auf Ihr Gegenüber, um die „du"-Gebärde zu signalisieren.

Die Worte „Ich liebe dich" können als Besonderheit in der Gebärdensprache allerdings auch mit nur einer einzigen Handform dargestellt werden. Dabei handelt es sich übrigens um die gängigste und universellste Form der Liebesbekundung. Sie bildet gleichzeitig ebenfalls das Zeichen für Solidarität innerhalb der Gehörlosengemeinschaft.

Die Handform richtet sich dabei nach den drei Buchstaben des amerikanischen Fingeralphabets „ILY" (I Love You). Die Buchstaben werden allerdings nicht einzeln, sondern im Rahmen einer einzigen Finger- beziehungsweise Handstellung ausgeführt.

I love you (ILY)

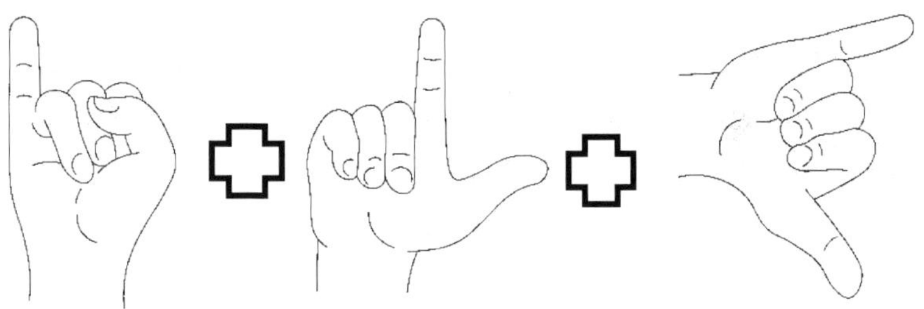

Daumen, Zeige- und kleiner Finger sind ausgestreckt. Der Handrücken ist dabei auf Ihren Körper gerichtet, sodass die Handinnenfläche nach außen zeigt.

„Wo ist deine Mama" wird in der Gebärdensprache zu „Dein – Mama – wo"

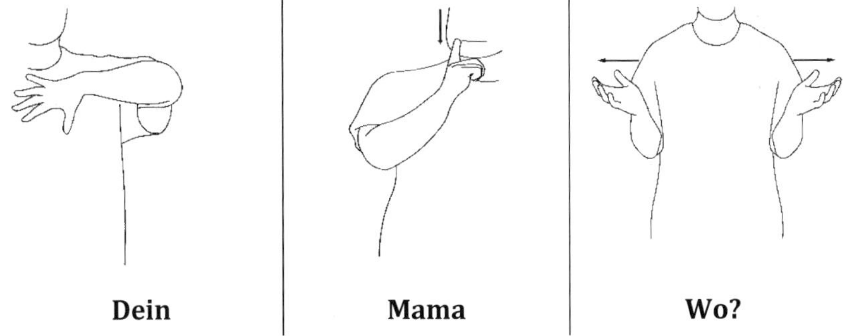

Dein	**Mama**	**Wo?**

Um nach dem Aufenthaltsort einer bestimmten Person zu fragen – in diesem Beispiel den der Mama –, benötigen Sie lediglich die Gebärden für

„dein", „die jeweilige Person" und „wo". Die ausgestreckte Hand wird Hochkant vor die Brust gehalten und in einer geraden Bewegung nach vorn geschoben – immer dem Gesprächspartner entgegen. Der Handrücken ist dabei auf Ihren eigenen Körper gerichtet. Gebärden Sie anschließend mit der gleichen Hand das Wort „Mutter", indem der ausgestreckte Zeigefinger die Wange herunterstreicht.

Abschließend signalisieren Sie mit der Frage „wo?", dass es sich um einen Fragesatz handelt. Hierzu heben Sie beide Arme mit ausgestreckten, geöffneten Handflächen vor Ihren Körper und bewegen diese in einer leichten Bogenbewegung nach außen. Drehen Sie dabei den Kopf nach rechts und links und heben Sie Ihre Augenbrauen leicht an, um auch mimisch den Fragesatz anzudeuten.

„Ich helfe dir" wird in der Gebärdensprache zu „ich – du – helfen"

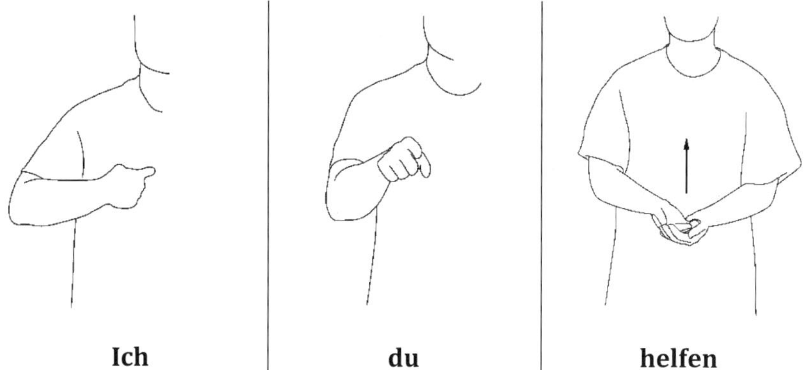

Ich	**du**	**helfen**

Um zu signalisieren, dass Sie Ihrem gegenüber bei etwas helfen möchten, können Sie dies auf zwei Arten tun.

Sie können die jeweiligen Gebärden einzeln nacheinander ausführen, indem Sie zunächst mit dem Zeigefinger auf sich selbst zeigen, daraufhin mit dem gleichen Finger auf Ihr Gegenüber (oder die gemeinte Person) und anschließend die Gebärde für das Wort „helfen" ausführen. Dies machen Sie, indem eine Hand in die Handinnenfläche der anderen gelegt wird und die untere die obere Hand leicht nach oben zieht.

Alternativ können Sie die Gebärde aber auch stark vereinfacht ausführen, indem Sie die Gebärde für „helfen“ anstatt nach oben einfach nach vorn ausführen. Damit zeigen Sie bereits, dass Ihr Gegenüber damit gemeint ist. Sie verbinden damit die Gebärde „dein“ und „helfen“ in einer Ausführung miteinander.

„Wo ist...“ wird in der Gebärdensprache zu „wo – ... – (wo)“

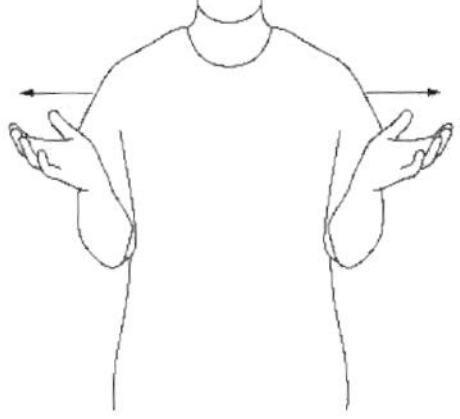

wo

Um zu erfahren, wo eine bestimmte Örtlichkeit ist, benötigen Sie lediglich zwei Gebärden, nämlich zum einen das Fragewort und zum anderen den Ort beziehungsweise den jeweiligen Eigennamen.

Für das Fragewort „Wo“ werden beide Hände flach ausgestreckt und vor die Körpermitte gehalten. Die Hände liegen sich unmittelbar gegenüber und werden nun mit einer ausladenden Bewegung vom Körper wegbewegt. Die Augenbrauen sind dabei nach oben gezogen und der Kopf dreht sich nach links und rechts, um den fragenden Gesichtsausdruck zu untermauern.

Möchten Sie beispielsweise nach der Toilette fragen, ist das Wort „Toilette“ in diesem speziellen Fall die Örtlichkeit. Das Wort Toilette gebärden Sie, indem Sie die zur Faust geschlossene Hand neben Ihr Ohr führen und dabei zwei Mal eine Drehung nach vorn ausführen.

Abschließend kann das Fragewort „Wo“ noch einmal wiederholt

werden, um zu verdeutlichen, dass es sich bei Ihrer Aussage tatsächlich um eine Frage handelt und Sie gern wissen möchten, wo der jeweilige Ort zu finden ist. Dies ist jedoch optional und muss keinesfalls zwingend erfolgen.

Gebärden, die auch in der Lautsprache Anwendung finden

Wenn Sie sich Ihre Umwelt und die Menschen, mit denen Sie in kommunikativem Kontakt stehen, genauer betrachten, werden Ihnen sehr schnell einige Gemeinsamkeiten in der Mimik und Gestik auffallen, die sowohl von tauben als auch von hörenden Menschen getätigt werden.

Auch hörende Personen, die keinerlei Berührungspunkte mit schwerhörigen oder gar tauben Menschen haben, verwenden während ihrer Gespräche ganz unbewusst Zeichen der Gebärdensprache. Häufig liegt dies daran, dass sich die Gebärdensprache im Laufe der Jahre sehr stark am gesprochenen Wort orientiert hat.

Besonders gut ist ein solches Phänomen bei Menschen zu beobachten, die während ihrer Gespräche eine sehr ausgeprägte Mimik verwenden und zusätzlich dazu viel gestikulieren. Nachrichtensprecher, Dozenten oder Menschen, die eine Rede halten, nehmen oftmals ihre Hände oder die Mimik als ergänzenden Faktor hinzu. Achten Sie doch einfach einmal in Ihrer unmittelbaren Umgebung darauf – Sie werden sich wundern, wie häufig Sie am Tag mit der Gebärdensprache konfrontiert werden, ohne dass dies überhaupt beabsichtigt ist.

Einige Gebärden ergeben sich daher aus dem Kontext und werden auch von Hörenden verstanden und verwendet, die bisher keinerlei Berührungspunkte mit der Gebärdensprache hatten und möglicherweise niemals haben werden.

Die hier angesprochenen Gebärden sind sogenannte ikonische Gebärden – sie werden bildhaft dargestellt und gelten aus diesem Grund allgemeinsprachlich als transparent. Auf diese Weise sind sie in der Regel für jedermann ersichtlich und verständlich. Einige Beispiele für diese Art von transparenten Gebärden sind:

- **Hallo / Tschüss** = mit der geöffneten Hand jemandem zuwinken
- **Ja** = Kopfnicken
- **Nein** = Kopfschütteln
- **Du** = den Zeigefinger auf sein Gegenüber richten
- **Ich** = auf sich selbst zeigen
- **Auto** = imaginäres Lenkrad drehen
- **Fühlen / ertasten** = Daumen, Zeige- und Mittelfinger gegeneinander reiben
- **Krank** = flache Hand oder Handrücken an die fiebrige Stirn halten
- **Hase** = mit Zeige- und Mittelfinger Hasenohren über dem Kopf darstellen
- **Essen** = Hand vor den Mund führen
- **Trinken** = imaginäres Glas zum Mund führen
- **Milch** = Nachahmung des Melkens einer Kuh
- **Schlafen** = flache Hand an die Schläfe führen und den Kopf leicht zur Seite neigen
- **Denken** = Finger an die Stirn halten
- **Uhrzeit** = mit dem Zeigefinger zwei Mal auf das Handgelenk tippen
- **Ekel / Abscheu** = würgen
- **Weinen** = mit den Zeigefingern auf die Wange, kurz unterhalb des Auges, zeigen, eine senkrechte Linie in Richtung Kinn ziehen und zusätzlich

einen traurigen Gesichtsausdruck auflegen

- **Baby** = die Arme vor den Körper verschränken und hin und her wiegen
- **Klein** = die leicht angewinkelte Handfläche auf Höhe des Oberkörpers ausstrecken
- **Groß** = die leicht angewinkelte Handfläche auf Höhe des Kopfes ausstrecken
- **Zähne** = mit dem Zeigefinger auf die Oberlippe tippen und dabei die Zähne zeigen
- **Zähne putzen** = mit dem Zeigefinger auf die Zähne zeigen und parallel dazu eine putzende Seitwärtsbewegung ausführen.
- **Haare** = an den Hinterkopf fassen und eine Haarsträhne mit Zeigefinger und Daumen festhalten
- **Riechen** = mit der geöffneten Hand etwas Luft zur Nase fächern
- **Küssen** = die Fingerspitzen sämtlicher Finger berühren sich. Beide Hände werden daraufhin zwei Mal zueinander geführt, bis sie sich berühren
- **Brille** = mit Daumen und Zeigefinger beider Hände einen Halbkreis formen und vor die Augen führen – während alle übrigen Finger voneinander abgespreizt sind
- **Nase** = mit dem Zeigefinger zwei Mal auf eine Seite des Nasenbeins tippen
- **Kreis** = mit dem Zeigefinger einen großen Kreis vor dem Oberkörper zeichnen
- **Dusche / duschen** = die Faust zwei Mal über dem Kopf öffnen und das Spritzen von Wasser imitieren
- **Oben** = mit dem ausgestreckten Zeigefinger nach oben zeigen

- **Unten** = mit dem ausgestreckten Zeigefinger nach unten zeigen
- **Fahrrad** = beide Hände sind zur Faust geballt und werden mit einer kurbelnden Vorwärtsbewegung vor dem Oberkörper gehalten. Die typische Pedalbewegung wird dadurch imitiert
- **Musik / musizieren** = Die Zeigefinger beider Hände werden wie von einem Dirigenten vor dem Körper hin und her geschwungen
- **Buch** = mit beiden Händen wird das Aufschlagen eines Buches imitiert, indem sich die Handinnenflächen zunächst berühren und dann nach außen hin geöffnet werden

Begriffserklärungen und Formen von Hörbehinderung

Deaf

Bei dem Wort Deaf handelt es sich sowohl um die englisch übersetzte Bezeichnung für taub/gehörlos als auch um die Bezeichnung der kulturellen Gemeinschaft der Gehörlosen. Die Schreibweise „Deaf" mit einem großen „D" kennzeichnet die Zugehörigkeit zur Gehörlosengemeinschaft und der Gebärdensprache. Die Schreibweise „deaf" mit einem kleinen „d" bezeichnet hingegen lediglich den Zustand, nämlich das vollständige Fehlen des Gehörsinns.

Hörschädigung

Hierbei handelt es sich um einen Sammelbegriff für schwerhörige oder taube Menschen – dabei steht der medizinische Ausdruck eher im Fokus als die tatsächliche Betrachtung der Hörbeeinträchtigung.

Schwerhörig

Darunter wird eine unterschiedlich auftretende Hörbeeinträchtigung verstanden, wozu ebenfalls die Altersschwerhörigkeit zählt. Schwerhörige Menschen können ihren Hörverlust in der Regel mit Hörgeräten weitestgehend ausgleichen, sodass eine kommunikative Behinderung nur bedingt vorhanden ist.

Resthörig

Eine an Taubheit grenzende Schwerhörigkeit mit einem sehr geringen Resthörvermögen.

Ertaubt / Spätertaubt

Ein vollständiger Hörverlust, der jedoch erst im Laufe des Lebens und nach Abschluss des Spracherwerbs erfolgt. Spätertaubte Personen beherrschen in der Regel die Lautsprache.

Taub / Gehörlos

Dies bezeichnet Personengruppen, deren Gehörsinn von Geburt an fehlt – oder die diesen noch vor dem Spracherwerb verloren haben. Sie sind also vollends ohne Gehör und nicht in der Lage, Geräusche akustisch wahrzunehmen. Gehörlose Menschen haben umfassende Kenntnisse im Bereich der Gebärdensprache, da es sich hierbei oftmals um ihre Muttersprache handelt.

Wichtiges auf einen Blick zusammengefasst

Gebärdensprachen sind:

- nicht international – innerhalb eines Landes gibt es sogar mehrere Dialekte
- den gesprochenen Sprachen in jeglicher Hinsicht ebenbürtig
- komplex und folgen einer eigenständigen Struktur sowie Grammatik

Lautsprachbegleitete Gebärden:

- werden in der Regel von schwerhörigen oder spätertaubten Personen verwendet, deren Muttersprache die Lautsprache ist
- folgen der Grammatik der Lautsprache
- sind keine eigenständigen Sprachen

Eine Verständigung gehörloser und hörender Menschen untereinander ist einzig durch das Lippenlesen unmöglich. Dies liegt daran, dass lediglich 30 % der Lippenbewegungen tatsächlich ablesbar sind. Um eine reibungslose und unmissverständliche Kommunikation sicherzustellen, bedarf es daher der Gebärdensprache.

Bei der Gebärdensprache handelt es sich um das verbindende Glied, welches nicht nur die Kommunikation Gehörloser untereinander ermöglicht, sondern auch die Hörenden mit den nicht Hörenden zusammenbringt. Sie ist eine eigenständige Sprache mit eigenen Regeln und eigenständiger Grammatik und hebt sich daher von der reinen Zeichensprache ab.

Das Fingeralphabet

Es ist eines der ersten gebärdensprachlichen Kommunikationsmittel und wurde bereits auf alten Schriften sowie Wandmalereien der Antike entdeckt. Jeder Buchstabe des Alphabets steht für eine bestimmte Handform und Fingerstellung. Auch das Fingeralphabet ist nicht international einheitlich und orientiert sich an der landestypischen Schriftform.

Die Grammatik und der Satzbau

Die Gebärdensprache besitzt eine eigenständige Grammatik, die sich von der deutschen Lautsprache deutlich unterscheidet. Es ist aus diesem Grund nicht möglich, eine 1:1-Übersetzung zwischen Laut- und Gebärdensprache vorzunehmen.

Der Satzbau folgt auch innerhalb der Gebärdensprache einem einfach zu merkenden und unveränderlichen Prinzip:

S – O – V:	**Subjekt – Objekt – Verb**

Fragewörter, die sogenannten W-Fragen (wer, wie, was, wo, wieso, warum…) werden entweder direkt zu Beginn oder zum Schluss eines Satzes gebärdet. In manchen Situationen bietet es sich an, dass die Fragewörter auch doppelt angezeigt werden, nämlich sowohl am Anfang als auch am Schluss.

Gebärdensprache erlernen, wo?

Gebärdensprachkurse werden häufig angeboten an/bei:

- Volkshochschulen
- Gehörlosen-Landesverbänden/-Ortsverbänden
- Bildungszentren für Erwachsenenbildung
- Gebärdensprachschulen
- Vereine für Gehörlose

- Kommunikationszentren für Gehörlose
- Universitäten

Auf Nachfrage beim örtlich zuständigen Landesverband für Gehörlose erhalten Sie etwaige Adressen von Anbietern der DGS in Ihrer Nähe.

Zum vollumfänglichen Erlernen der Gebärdensprache ist es ratsam, entsprechende Kurse zu besuchen und sich zusätzlich dazu mit Menschen zu umgeben, die diese Sprache nutzen. Von zu Hause aus, mittels Onlinekursen, Büchern oder sonstigen Anleitungen, ist das Erlernen deutlich erschwert. Es hilft Ihnen dabei, sich einen ersten groben Überblick über die Thematik und die jeweiligen grammatikalischen Regeln zu verschaffen sowie erste Wörter und Sätze selbstständig zu gebärden und zu verstehen, doch wo und wie werden Ihrer Meinung nach Fremdsprachen am besten gelernt und verinnerlicht? – Richtig! Im unmittelbaren Geschehen.

Betroffene

Weltweit leiden rund 360 Millionen Menschen an einer Hörschädigung – davon sind etwa 70 Millionen Menschen vollständig gehörlos oder verfügen nur noch über ein geringes Resthörvermögen. Allein in Deutschland beträgt die Zahl der Gehörlosen etwa 83.000 – und die Zahl ist stetig steigend.

Quellenverzeichnis

Gebärdenzeichen
https://signdict.org/

Das Fingeralphabet
https://www.yomma.de/glossar/fingeralphabet

Gebärdensprache – was ist das?
https://www.yomma.de/was-ist-gebaerdensprache

https://www.giby.de/infothek/gebaerdensprache

https://www.inklusives-arbeitsleben.lwl.org/glossar_gebaerdensprache/

https://m.geo.de/geolino/mensch/1854-rtkl-gebaerden-wie-gebaerdensprache-funktioniert

Unterschiede der Gebärdensprache und Lautsprache:
https://www.allesprachen.at/blog/gebaerdensprachen-vs-lautsprachen

Was sind lautsprachbegleitende Gebärden
https://de.m.wikipedia.org/wiki/lautsprachbegleitende_gebaerden

Taktile Gebärdensprache
https://www.imhplus.de/index.php?option=com_content&view=article&id=350&Itemid=323&lang=de

Die Lautsprache
https://de.m.wikikedia.org/wiki/Lautsprache
Geschichte der Gebärdensprache
https://www-docs.b-tu.de/fg-kommunikationstechnik/public/Abschlussarbeiten/linke.pdf

https://bundesarbeitsgemeischaft-taubblinden.de/?page_id=200

https://www.yomma.de/was-ist-gebaerdensprache/

https://www.taubwissen.de/content/index.php/geschichte/geschichte-der-gehoerlosenpaedagogik/von-1570-bis-20-jahrhundert/1138-gehoerlosenpaedagogik18501900.html

https://www.taubwissen.de/content/index.php/geschichte/geschichte-der-deutschen-gebaerdensprache/kampf-um-anerkennung-der-dgs/579-kampfmdgsteil1.html

https://de.m.wikipedia.org/wiki/Geschichte_der_Gebärdensprachen

Grammatik der Gebärdensprache

https://m.grin.com/document/302776

https://de.wikipedia.org/wiki/Deutsche_Gebaerdensprache

https://www.myhandicap.de/gesundheit/sinnesbehinderung/hoerbehinderung-schwerhoerig/gebaerdensprache-erlernen/grammatik/

https://www.grin.com/document/302776

Gehörlosenkultur

https://www.taubwissen.de/content/index.phb/taubenkultur/einfuehrung-in-unsere-kultur/376-stefan-goldschmidt-kultur-der-taubenmenschen.html

Gebärdensprachdolmetscher

https://www.integrationsaemter.de/Fachlexikon/Gebaerdensprachdolmetscher/77c452ip/index.html

https://de.wikipedia.org/wiki/Gebaerdensprache_Gebaerdensprachdolmetscher

https://www.einfach_teilhaben.de/DE/AS/Ratgeber/Gebaerdensprachdolmetscher/Gebaerdensprachdolmetscher_node.html

Was sind Morpheme?

https://de.m.wikipedia.org/wiki/Morphologie_(Linguistik)

Was sind Phoneme?
https://de.wikipedia.org/wiki/Phonem

Gebärdensprachen lernen
https://web.kestner.de/gebaerdensprache-einfuehrung

https://www.gehoerlosen-bund.de/faq/deutschegebaerdenspra-che(dgs)

https://www.myhandicap.de/gesundheit/sinnesbehinderung/hoerbe-hinderung-schwerhoerig/gebaerdensprache-erlernen/grammatik

Besonderheiten der Gebärdensprache
https://sprachen-lernen-web.com/gebardensprache-lernen-und-in-fos/

https://edl.ecml.at/Facts/FAQsonsignlanguage/tabid/2741/langu-age/de-DE/Default.aspx

https://www.imhplus.de/index.php?option=com_content&view=ar-ticle&id=587&catid=48&Itemid=181&lang=de

Technische Hörhilfe
https://www.hno-aerzte-im-netz.de/news/hno-news/gehoerlose-menschen-sehen-besonders-gut.html

https://de.wikipedia.org/wiki/Cochlea-Implantat

https://www.geers.de/leben-mit-hoergeraet/gewoehnung-an-hoerge-raete/

Wir danken Ihnen für Ihr Interesse und Ihr Vertrauen. Als Dankeschön dafür, haben wir eine besondere Überraschung. Wir haben exklusiv für Sie **„Die häufigsten Fehler beim Erlernen der Gebärdensprache"** zusammengefasst. Noch dazu erhalten Sie eine **Checkliste**, die das Erlernen der Gebärdensprache vereinfacht. Und diese erhalten Sie vollkommen kostenlos. Das klingt wunderbar? Dann warten Sie nicht lange und holen Sie sich Ihr Gratis-Geschenk.

Hier geht es zu Ihrem Gratis-Geschenk:

https://forms.gle/dKFH9zSQuSj93D1K6

1. **Öffnen Sie die Kamera-App auf Ihrem Smartphone und richten Sie die Kamera auf den QR-Code.**
2. **Klicken Sie auf den Link, der Ihnen angezeigt wird und schon werden Sie zur Website weitergeleitet.**

Impressum

Herausgeber: Orbita Media Verlag GmbH & Co. KG / Ericusspitze 4 / 20457 Hamburg
Kontakt: kontakt@empireofbooks.de
Website: https://empireofbooks.de
Coverbild: Shutterstock

Haftungsausschluss:
Die Nutzung dieses Buches und die Umsetzung der enthaltenen Informationen, Anleitungen und Strategien erfolgt auf eigenes Risiko. Der Autor kann für etwaige Schäden jeglicher Art aus keinem Rechtsgrund eine Haftung übernehmen. Haftungsansprüche gegen den Autor für Schäden materieller oder ideeller Art, die durch die Nutzung oder Nichtnutzung der Informationen bzw. durch die Nutzung fehlerhafter und/oder unvollständiger Informationen verursacht wurden, sind grundsätzlich ausgeschlossen. Rechts- und Schadenersatzansprüche sind daher ausgeschlossen. Dieses Werk wurde sorgfältig erarbeitet und niedergeschrieben. Der Autor übernimmt jedoch keinerlei Gewähr für die Aktualität, Vollständigkeit und Qualität der Informationen. Druckfehler und Falschinformationen können nicht vollständig ausgeschlossen werden. Es kann keine juristische Verantwortung sowie Haftung in irgendeiner Form für fehlerhafte Angaben vom Autor übernommen werden. Die bereitgestellten Analysen, Vorschläge, Ideen, Meinungen, Kommentare und Texte sind ausschließlich zur Information bestimmt und können ein individuelles Beratungsgespräch nicht ersetzen. Alle Informationen dieses Buches entsprechen dem Kenntnisstand zum Zeitpunkt des Verfassens dieses Buches. Eine Haftung für mittelbare und unmittelbare Folgen aus den Informationen dieses Buches ist somit ausgeschlossen.
Informieren Sie sich weitläufig aus unterschiedlichen Quellen und bedenken Sie, dass am Ende nur Sie für die Entscheidungen verantwortlich sind.

Urheberrecht:

Haftung für externe Links:
Unser Angebot enthält Links zu externen Websites Dritter, auf deren Inhalte wir keinen Einfluss haben. Deshalb können wir für diese fremden Inhalte auch keine Gewähr übernehmen. Für die Inhalte der verlinkten Seiten ist stets der jeweilige Anbieter oder Betreiber der Seiten verantwortlich. Die verlinkten Seiten wurden zum Zeitpunkt der Verlinkung auf mögliche Rechtsverstöße überprüft. Rechtswidrige Inhalte waren zum Zeit-punkt der Verlinkung nicht erkennbar.